Ralf Hillmann

5 Minuten Paartherapie an jedem Tag

365 Übungen und Denkimpulse aus der Paarberatung

Für Paare:
Selbsthilfe-Arbeitsbuch, Dauerkalender
und Beziehungsratgeber zur Beziehungspflege

*(Hinweis zu Paarberatung / Paartherapie)
Paartherapie ist keine heilkundliche Behandlungsart, wie z.B. Psychotherapie. Paartherapie ist daher keine Therapie im üblichen Sinne. Sie gehört zum Bereich der nichtheilkundlichen Psychologie (Psychologische Beratung, Coaching, Training etc.) mit dem Ziel der Aufarbeitung und Überwindung partnerschaftlicher Konflikte. Auch hier im Buch ist Paartherapie gleichbedeutend mit Paarberatung bzw. Eheberatung. Paartherapie ersetzt deshalb keine ärztliche oder therapeutische Behandlung und soll auch keine laufende oder bevorstehende Behandlung medizinischer oder psychotherapeutischer Art ersetzen.

Hinweis zur Haftung
Die im Buch veröffentlichten Gedanken und Empfehlungen basieren auf den Erfahrungen des Autors und wurden intensiv erarbeitet und geprüft. Weder Autor noch Verlag können für in diesem Buch gemachte Angaben Gewähr übernehmen. Es bleibt in Ihrer alleinigen Verantwortung als Leserin, als Leser jede der gemachten Angaben Ihrer eigenen Prüfung zu unterziehen. Auf die geltenden gesetzlichen Bestimmungen weisen wir ausdrücklich hin!

Bibliografische Information der Deutschen Nationalbibliothek
Die Deutsche Nationalbibliothek verzeichnet diese Publikation in der Deutschen Nationalbibliografie; detaillierte bibliografische Daten sind im Internet über https://portal.dnb.de abrufbar.

© Copyright 2020: Hillmann, Ralf
Herstellung und Verlag: BoD – Books on Demand, Norderstedt
Autor: Ralf Hillmann
ralf-hillmann@t-online.de
Covergestaltung: Ralf Hillmann
Bildmotiv „Hand in Hand": Tobias Schnotale
ISBN: 9783752609813

ÜBER DEN INHALT UND VORBEREITUNG AUF DEN INHALT

5 Minuten Paartherapie an jedem Tag

365 Übungen und Denkimpulse aus der Paarberatung

Vorabinformationen und Gebrauchsanleitung

Liebe Leserinnen und Leser, dieses Arbeitsbuch in Form eines immerwährenden Dauerkalenders möchte Ihnen und Ihrer Partnerin bzw. Ihrem Partner ein alltagstauglicher, täglicher Begleiter zur Verbesserung, Auffrischung, Entwicklung und Pflege Ihrer gemeinsamen Paarbeziehung sein. Beziehungsprobleme basieren in ihrem Kern meist auf einem Mangel an Interesse, Verständnis, Respekt, Empathie, Wertschätzung, Akzeptanz, Anerkennung, Gleichberechtigung, Unterstützung etc. Dieser zeigt sich in der Regel daran, dass Paare wegen ihrer Unterschiede im Denken, Fühlen und Handeln des Öfteren in Streit geraten und die Gefühle von Verbundenheit und Liebe dabei immer mehr abnehmen. Anders als am Anfang der Beziehung, als jeder im jeweils anderen den idealen, nahezu perfekten Partner zu erkennen glaubte, haben beide im Laufe der Zeit damit angefangen, sich gegenseitig das Gefühl zu geben, der andere sei so, wie er ist, veränderungsbedürftig! Er bzw. sie entspricht nicht mehr den jeweils eigenen Erwartungen. Vieles wünscht man sich anders. Zudem trägt Alltagsroutine mit täglich wiederkehrenden, immer gleichen Abläufen dazu bei, dass Beziehungen im Laufe der Zeit an Reiz und Spannung verlieren. Die hier im Buch enthaltenen 365 kurzen Übungen und intervenierenden Denkimpulse zielen daher ganz im Speziellen darauf ab, genau diese Mängel bewusst zu machen und ihnen entgegenzuwirken!

Für wen dieses Buch gedacht ist: Dieser Dauerkalender wurde für alle Paare entwickelt, deren Beziehungsalltag in irgendeiner Form an Intensität eingebüßt hat sowie für jene, die sich gerade auf dem besten Wege befinden, sich auseinander zu leben oder sich wegen diverser Schwierigkeiten und Probleme immer öfter miteinander zu

4

streiten bzw. sich über einander zu ärgern. Paare, die kurz vor dem Beziehungsaus stehen oder schon über längere Zeit massivste Probleme haben, werden vermutlich intensivere Unterstützung direkt von einem Paarberater oder Paartherapeuten benötigen! Wenn die Fronten schon zu sehr verhärtet sind, braucht es gerade zu Beginn sehr viel Fingerspitzengefühl und Fachkompetenz eines direkten Ansprechpartners, der zwischen beiden Seiten gekonnt vermitteln kann. Die 365 Anregungen, die dieses Buch für Sie bereithält, setzen voraus, dass Sie und Ihre Partnerin bzw. Ihr Partner in der Lage sind, sich selbst miteinander zu beschäftigen und auseinanderzusetzen sowie sich dabei gemeinsam auf den Weg zurück zu mehr Wertschätzung, Gemeinschaft, Verbundenheit und Beziehungsglück zu begeben!

Wann Sie die Arbeit mit diesem Buch beginnen können: Ganz egal, zu welcher Zeit Sie Ihren Dauerkalender das erste Mal in den Händen halten, Sie können zu jedem Datum mit der gemeinsamen Paararbeit beginnen! Wenn Sie dann nach einem Jahr alle Übungen und Denkimpulse kennengelernt und diese bearbeitet bzw. auf sich wirken lassen haben, können Sie einfach noch so viele Monate oder Jahre damit weiterarbeiten, wie es Ihnen gefällt und nützlich erscheint!

So arbeiten Sie mit diesem Buch: Bevor Sie die erste Paarübung ausprobieren oder den ersten Denkimpuls auf sich wirken lassen, lesen Sie bitte zu allererst alle Informationen, die ich Ihnen zur Vorbereitung auf die gemeinsame Paararbeit im Folgenden bis zur Seite 23 zusammengestellt habe. Alles, was Sie dort nachlesen können, sind grundlegende Erkenntnisse aus meiner Tätigkeit als Paarberater. Diese dienen Ihnen als Basisinformationen, um den Inhalt, Sinn und Zweck der vielen kurzen Denkimpulse und Übungen besser nachvollziehen zu können. Sobald Sie mit Ihrer Vorbereitung fertig sind, können Sie starten! Ab diesem Zeitpunkt werden Sie für jeden Tag im Jahr entweder eine kurze Übung oder einen kurzen Denkimpuls vorfinden. Sie werden sehen, die Übungen erklären sich von selbst! Dazu brauche ich Ihnen an dieser Stelle keine weiteren Vorabinformationen zur Verfügung zu stellen!

Zu den Denkimpulsen möchte ich jedoch vorab Folgendes erklären: Jeder Denkimpuls (Denkanstoß) hat das Ziel, Sie zum Nachdenken zu bringen, um Ihnen dann nach einer gewissen Einwirkzeit Veränderungen in Ihrer Beziehung zu ermöglichen. Es können Denkimpulse vorkommen, die Sie einfach nur dazu inspirieren werden, künftig achtsamer in der Kommunikation und im Umgang miteinander zu sein. Es sind Denkanstöße, die Sie vermutlich gerne hören und die keinen inneren Widerstand bei Ihnen auslösen!

Es gibt aber auch Denkimpulse, die Ihnen vermutlich einen Spiegel vorhalten und die von Ihren gewohnten Gefühls-, Denk- und Verhaltensmustern abgewehrt werden. Wir alle sind häufig keine Weltmeister darin, uns Schwächen oder Fehler einzugestehen, geschweige denn, sie gegenüber anderen zuzugeben! Solche Verdrängungs-, Vermeidungs-, und Abwehrmechanismen setzen wir nicht bewusst ein, sondern sie werden quasi vollautomatisch aus unserem Unterbewusstsein heraus aktiv. Aus diesem Grund lautet die Empfehlung unter jedem Denkimpuls immer: „Lassen Sie diesen Denkimpuls einfach auf sich wirken!" Warum ist das sinnvoll?

Wenn ein Denkimpuls wie ein vorgehaltener Spiegel wirkt, ist die Gefahr groß, dass man versucht, das Spiegelbild abzuwehren! Nicht jeder, der beispielsweise den Partner oder die Partnerin respektlos, ungerecht oder sonst wie geringschätzend behandelt, ist spontan dazu in der Lage, sich das als beziehungsschädlichen Fehler einzugestehen. Aus diesem Grund laden die Denkimpulse ganz bewusst nicht dazu ein, über das, was sie dem Paar mitteilen, miteinander zu sprechen. Die Gefahr, dabei in einen Streit zu geraten, wäre sonst des Öfteren vorprogrammiert!

Zur Veranschaulichung: Angenommen ein Paar liest einen Denk-impuls, der auf einen oder beide Beteiligten wie ein vorgehaltener Spiegel wirkt. Etwa weil das Gelesene darauf aufmerksam macht, dass es für eine Beziehung schädlich ist, wenn man den Partner vor anderen Leuten abschätzig behandelt. Nehmen wir ferner an, einer von beiden hat in Vergangenheit gerne mal die Partnerin oder den Partner in Anwesenheit anderer kritisiert! Der andere zeigte

6

solch ein Verhalten bisher nicht! Für jenen, der den anderen bereits des Öfteren vor anderen kritisierte, kann dieser Denkimpuls, wie oben geschildet, wie ein vorgehaltener Spiegel wirken, in den er am liebsten nicht hineinschauen möchte. Jener, der schon des Öfteren in der Anwesenheit anderer kritisiert wurde, freut sich einfach nur über den Denkimpuls, weil dieser ihm aus der Seele spricht. Die Empfehlung „Lassen Sie diesen Denkimpuls einfach auf sich wirken!" ist hier wirklich bares Gold wert. Sie bietet dem einen die Möglichkeit, den Spiegel schnell wieder zur Seite legen zu können und zu einem späteren Zeitpunkt die Kraft der Worte noch einmal auf sich wirken zu lassen. UND SIE WERDEN WIRKEN! Dem anderen wird mit dieser Empfehlung die Möglichkeit genommen, sich zu einer Bemerkung hinreißen zu lassen, die für eine Verbesserung der Beziehungslage nicht förderlich wäre. Etwa wenn er sagen würde: „Da siehst du, dass du dich mir gegenüber oft falsch verhältst. Ich hoffe wirklich, dass du das in Zukunft lassen wirst!" Vermutlich muss ich an dieser Stelle nicht weiter erklären, warum solch ein Kommentar alles andere als zielführend wäre!

Daher gilt für die gemeinsame Arbeit mit Ihrem Paarkalender grundsätzlich Folgendes: Ganz gleich, ob Sie eine Übung oder einen Denkimpuls erhalten, bitte vermeiden Sie Streitereien, Recht-habereien, Bevormundungen, Manipulationen, Rechtfertigungen, Anschuldigungen, Verallgemeinerungen, Vergleiche etc. Das sind genau die Kommunikations-Strategien, die in die falsche Richtung führen! Üben Sie auch keinen Druck aufeinander aus, etwa wenn einer von Ihnen beiden keine Lust auf eine Übung hat oder Ähnliches. Lassen Sie das einfach zu. Respektieren Sie, was der andere sich zutraut und was nicht. Für solche Fälle, in denen Sie die Übung nicht durchführen können, weil z.B. einer von Ihnen beiden nicht möchte, können Sie sich überlegen, ob Sie stattdessen eine andere Übung zusammen machen wollen. Vielleicht eine, die Sie während der Arbeit mit dem Buch bereits kennengelernt haben und die Ihnen beiden Freude macht! Gerne können Sie eine Übung aber auch nach eigenen Wünschen kreativ umgestalten. Beispielsweise kann es sein, dass eine Übung Sie dazu auffordert, sich einmal zu überlegen, wohin Sie beide heute oder in den nächsten Tagen einmal essen gehen könnten, wo Sie noch nie zuvor waren! Falls diese Übung nicht zu Ihnen passt, weil

Sie vielleicht nicht gerne außer Haus essen, oder weil Sie einfach keine Lust oder Zeit dafür haben, könnten Sie sich stattdessen überlegen, welches Gericht, das Sie zuvor noch nie probiert haben, Sie sich einmal kochen könnten. Wichtig ist im Grunde ja nur, dass jede Übung Sie dazu inspirieren kann, etwas Zeit gemeinsam zu verbringen! Falls es Tage gibt, an denen Sie keine Zeit finden, um sich einer Übung oder einem Denkimpuls zu widmen, holen Sie diese am besten sobald es geht nach. Das dürfte nicht allzu schwer sein, denn in der Regel benötigen Sie für die Bearbeitung nur jeweils wenige Minuten!

Wenn Sie bereits eine Weile mit dem Buch gearbeitet haben und Sie es sich irgendwann zutrauen, die Denkimpulse nicht einfach nur auf sich wirken zu lassen, sondern über diese miteinander auch respektvoll und zielführend zu reden, können Sie das natürlich gerne tun.

Und nun wünsche ich Ihnen viel Freude beim Weiterlesen! Sie legen damit bereits den Grundstein für Ihre bevorstehende, gemeinsame Paararbeit!

Herzlichst – Ihr Ralf Hillmann

Genderhinweis
Allein aus Gründen der besseren Lesbarkeit wird in diesem Buch überwiegend die männliche Sprachform verwendet. Sämtliche Angaben beziehen sich jedoch immer auf Angehörige aller Geschlechter (männlich, weiblich, divers).

Grundlegende Informationen zur Vorbereitung auf die gemeinsame Arbeit mit Ihrem Paarkalender:

Von der Verliebtheit am Anfang einer Beziehung

Frisch Verliebten erscheint die Welt bekanntlich rosarot. Durch die Verliebtheitsbrille wirkt der andere interessant, aufregend und zauberhaft. Es ist, als hätte man endlich den bzw. die Richtige gefunden. Das Glück erscheint geradezu perfekt. Und falls es etwas geben sollte, das einem am anderen nicht gefällt, geht man in dieser Beziehungsphase oft davon aus, dass der Geliebte sich noch ändern wird. Die gemeinsame Zukunft erscheint zu Beginn einfach nur vielversprechend. Verliebte stellen sich häufig nicht vor, dass die wunderbaren Gefühle irgendwann abnehmen können. Aus meiner Erfahrung als Paarberater behaupte ich: theoretisch hat jedes Paar die Chance, das gemeinsame Glück auf Dauer zu erhalten. Praktisch gelingt dies in vielen Beziehungen jedoch nicht. Der Grund dafür ist: die Unkenntnis darüber, was eine Beziehung braucht, um langfristig erfüllend zu bleiben!

Von der Unkenntnis zweier Liebenden

Vieles, was wir über die Liebe von Kindesbeinen an lernen, ist irreführend und der Sache nicht dienlich. Übertrieben sentimentale Liebesromane, herzzerreißende Romantikfilme und naive Herz-Schmerz-Love-Songs zeichnen kein realistisches Bild von erfüllter Zweisamkeit. Sehr viele Menschen glauben an diese naiven Hollywood-Ideale, wo zwei Individuen quasi miteinander zu einem verschmelzen. Auch denken Menschen häufig, folgende drei Bedingungen seien die wichtigsten für das Gelingen einer Beziehung: Der andere soll ehrlich, treu und liebevoll sein. Man selbst glaubt von sich, diese Eigenschaften ohnehin mitzubringen. Welchen Freiraum zur persönlichen Entwicklung und Entfaltung man sich selbst und dem jeweils anderen zugestehen muss, damit sich Ehrlichkeit, Treue und Liebe überhaupt entwickeln und entfalten können, ist vielen jedoch nicht bewusst. Mit Erwartungen und Bedingungen, die man an den jeweils anderen stellt, kann dies jedenfalls nicht gelingen. Ebenso wenig durch Schuldzuweisungen, Streit, Manipulationen, Besserwisserei, Bevormundung etc. Aber wodurch lässt sich eine Liebesbeziehung dauerhaft glücklich gestalten? Was ist das Geheimnis dauerhaften Glücks?

Dazu ein paar Gedanken: Was macht die erste Verliebtheitsphase oder überhaupt das Verliebtsein so ganz besonders intensiv und zauberhaft? Sie wissen es sicher selbst! Plötzlich ist da jemand, der uns genau das geben kann, was wir uns schon immer gewünscht haben. Zum einen ist hier natürlich die Rede von körperlicher Zuwendung wie Zärtlichkeit, Sex etc. und zum anderen – was noch viel entscheidender und beglückender ist – haben wir endlich jemanden gefunden, der sich für uns interessiert und uns nahe sein möchte. Da ist plötzlich einer, der uns anerkennt, respektiert, annimmt sowie interessant und attraktiv findet. Jemand, der ja zu uns sagt, Zeit mit uns verbringen möchte, uns Komplimente macht, uns mit Geschenken überrascht. Ein Mensch, der uns das Gefühl gibt, etwas ganz Besonderes zu sein, der uns aufregend und spannend findet, WEIL WIR GENAU SO SIND, WIE WIR SIND!

Bei solch einem Menschen fühlen wir uns angenommen, geborgen, sicher und geliebt. Nichts kann glücklicher machen! Verstärkt wird das wunderbare Gefühl der Liebe noch durch die Tatsache, dass beide in dieser Phase nur die positiven Aspekte voneinander kennen. Es scheint, als passe man perfekt zusammen. Von Unterschieden, die später einmal zu Problemen führen können, weiß man zu jener Zeit noch nichts. Es ist, als gäbe es sie gar nicht! Dadurch wirkt alles geradezu perfekt und euphorisierend.

Der Grund weshalb die Gefühle der seelischen Verbundenheit und des großen Glücks bei vielen Paaren dann aber irgendwann nachlassen, ist: beide Beteiligten wissen nicht, wie sich die für eine glückliche Beziehung elementaren Bedürfnisse nach Akzeptanz, Wertschätzung, Nähe, emotionaler Sicherheit, Respekt, Vertrauen, Verständnis etc. dauerhaft aufrechterhalten bzw. erfüllen lassen. Wenn die soeben genannten, sich wechselseitig bedingenden Bedürfnisse vernachlässigt werden und dem Partner stattdessen mit Erwartungen, Anschuldigungen, Bedingungen, Streitereien, Rechthabereien usw. signalisiert wird, dass ER SO, WIE ER IST, NICHT in Orndung ist und ER SICH ÄNDERN SOLL, dauert es in der Regel nicht lange, bis diese Bedürfnisse nicht mehr genug Erfüllung finden. Die Gefühle des Gesehen-Werdens, Respektiert-Werdens, Geliebt-Werdens etc. leiden und gehen mit der Zeit immer mehr verloren. Der Schlüssel für eine dauerhafte, glückliche Beziehung liegt also in ehrlicher, gleichberechtigter, wechselseitiger Anerkennung, Akzeptanz, Wertschätzung Empathie, sowie ehrlichem, gleichberechtigtem, wechselseitigem Interesse, Respekt, Verständnis etc.

Von der Basis einer glücklichen Beziehung
Wichtigste Basis-Zutat für das gemeinsame Glück ist die absolute Gleichberechtigung bzw. Gleichwertigkeit beider Beteiligten. Hiermit ist nicht gemeint, dass sich jeder zu gleichen Teilen an der Haushaltsarbeit oder Ähnlichem zu beteiligen hat. Genauso wenig geht es darum, das Einnehmen männer- oder frauenspezifischer Rollen abzuschaffen. Wenn beide sich dabei wohlfühlen, darf auch einer dominanter bzw. devoter sein als der andere. In einer Beziehung gleichberechtigt bzw. gleichwertig zu sein, bedeutet, dass die Bedürfnisse, Meinungen, Gefühle, Interessen, Wünsche, Begehren, Fähigkeiten, Unfähigkeiten, Eigenschaften, Talente, Stärken, Schwächen, Ängste und Defizite von beiden Beteiligten gleich viel Bedeutung haben und jeder auch das gleiche Recht auf deren Anerkennung bzw. Berücksichtigung hat – auch wenn diese bei beiden zum Teil sehr unterschiedlich sein können. Ferner braucht die gutfunktionierende Beziehung kontinuierliche und bewusste Pflege! Behandeln sich zwei Liebende gleichberechtigt bzw. gleichwertig, ist diese Pflege verhältnismäßig einfach. Denn wer sich selbst und den anderen als gleichberechtigt bzw. gleich-wertig anerkennt, begegnet sich im Umgang miteinander respekt-voll, anerkennend, wertschätzend, interessiert, fair und gewaltfrei.

Zur Pflege einer Paarbeziehung gehören: die Entwicklung eines Bewusstseins für sich selbst, das die eigenen Bedürfnisse und Interessen berücksichtigt; die Entwicklung eines Bewusstseins für den jeweils anderen, das dessen Bedürfnisse und Interessen anerkennt, wertschätzt und respektiert sowie die Entwicklung eines Bewusstseins für das gemeinsame WIR, das die Bedürfnisse und Interessen beider miteinander vereint. Dies ermöglicht, dass sich überhaupt jeder vom jeweils anderen geliebt fühlen kann, und dass das Zusammensein die Bezeichnung „Paarbeziehung" verdient.

Möglichst gleiche oder zumindest ähnliche Interessen und Lebensziele erleichtern es den beiden Beziehungspartnern natürlich, diese solide Grundlage herstellen und aufrechterhalten zu können. Zwingend notwendig sind sie jedoch nicht – zumindest nicht in jedem Fall. Nur wenn wirklich unüberwindbare Unterschiede vorliegen, kann das gemeinsame Glück nicht zufriedenstellend gepflegt und erhalten werden! Etwa wenn sich der eine Treue wünscht und der andere nicht! Beide Wünsche sind legitim und zu respektieren! Unter einen Hut kann man sie jedoch nicht kriegen! Da hilft nur eine gütliche Trennung. Jeder Streit darum wäre sinnlos und ein Zeichen dafür, dem Bedürfnis des jeweils anderen nicht mit genügend Respekt zu begegnen!

Von der Basis einer problembehafteten Beziehung
Die Hauptproblematik, auf der alle anderen Schwierigkeiten aufbauen, ist im Kern bei fast allen Beziehungsproblemen gleich. Es mangelt den Paaren hauptsächlich an Respekt, Verständnis, Interesse, Anerkennung, Wertschätzung und Empathie für den jeweils anderen und für das gemeinsame WIR. In unglücklichen Beziehungen fehlen meist die Bereitschaft, sich selbst und den anderen als gleichberechtigt bzw. gleichwertig anzuerkennen, sowie die Einsicht, dass Unterschiede unter einen Hut gebracht werden wollen. Daraus folgt, dass jeder den jeweils anderen nicht so annehmen will und kann, wie er ist und dass jeder insgeheim von sich denkt, der Bessere, Klügere, Berechtigtere oder Ehrenwertere von beiden zu sein; dass beide Beteiligten kein WIR-Bewusstsein entwickeln können, welches einerseits die Bedürfnisse der Zweierbeziehung wahrt, und andererseits ermöglicht, dass sich keiner für den jeweils anderen aufgeben oder verbiegen muss. Anstelle einer Basis, auf der sich jeder vom anderen geliebt fühlt, ein guter Umgang miteinander gepflegt wird und eine glückliche Beziehung gelingen kann, hat das Paar dann eine Grundlage, die für die gemeinsame Liebe und das Zusammenleben schädlich ist.

12

Von Offenheit und Ehrlichkeit

Grundlegend für gemeinsames Glück ist, dass zwei Menschen miteinander über alles offen und ehrlich reden können. Wahres Vertrauen kann sich nur dann zwischen zwei Partnern entwickeln und entfalten, wenn sie sich genügend Raum für Offenheit und Ehrlichkeit zur Verfügung stellen. Es ist klar, dass niemand immer nur ehrlich sein kann. Manchmal ist es rücksichtslos, die Wahrheit zu sagen. Jedem muss also auch zugestanden werden, manchmal nicht das auszusprechen, was er wirklich denkt. In den wirklich wesentlichen Punkten des Zusammenlebens sollte man jedoch aufrichtig sein können und dürfen! Wenn es um Belanglosigkeiten geht, kann man auch mal aus Rücksicht oder weil es einem vielleicht unangenehm wäre, schweigen, anstatt sich mitzuteilen. Zum Lügen sollte man sich aber zu keiner Zeit aufgefordert fühlen müssen. Am Ende ist es gut, die Gewissheit in sich zu spüren, dem anderen gegenüber immer ehrlich sein zu können. Egal was auch passiert.

Wir alle haben jeweils unsere eigenen Bedürfnisse, Meinungen, Gefühle, Befindlichkeiten, Interessen, Eigenschaften, Werte, Wünsche, Ängste, Stärken, Schwächen etc. Wenn wir uns gegenseitig nicht genügend Raum für Offenheit und Ehrlichkeit zur Verfügung stellen, finden wir vermutlich nicht immer den Mut und die Bereitschaft in uns, uns dem jeweils anderen vertrauensvoll mitzuteilen. Wenn wir befürchten müssen, vom jeweils anderen für unser Denken, Fühlen und Handeln gerügt oder beschuldigt zu werden, wenn wir beispielsweise manchmal so sind, wie der andere es nicht nachvollziehen und auch nicht gutheißen kann, dann werden wir uns nicht zutrauen, immer offen und ehrlich zu sein. Zum einen, um uns selbst zu schützen und zum anderen, um dem anderen nicht wehzutun! Ob wir offen und ehrlich über alles reden können, hängt also immer auch vom jeweils anderen ab. Wenn wir darauf vertrauen können, dass wir über alles reden dürfen, egal was es ist und egal was wir vielleicht falsch gemacht haben, dann finden wir auch die Bereitschaft in uns, stets einander unsere Wahrheit anzuvertrauen und zuzumuten. Wenn wir hingegen befürchten müssen, für unsere Offenheit und Ehrlichkeit beschimpft und beschuldigt zu werden, werden wir die Wahrheit vielleicht lieber verschweigen.

Leider ist es in vielen Beziehungen so, dass Ehrlichkeit vom Partner nur dann als etwas Wertvolles anerkannt wird, wenn sie für ihn erfreulich ist. Ist sie das nicht, wird man für die offen und ehrlich mitgeteilte Wahrheit kritisiert. Schlimmstenfalls wird man dafür beschuldigt, abgelehnt, angebrüllt etc. und paradoxerweise sogar als unehrlich, unehrenhaft und charakterschwach wahrgenommen und beschimpft. Sozialkompetenz und Beziehungsfähigkeit sehen anders aus!

Von Vertrauen
Menschen machen Fehler. Das ist einfach zutiefst menschlich! Es ist nicht möglich, immer alles richtig zu tun! Wenn Menschen Fehler, Dummheiten oder Unüberlegtheiten machen, werden sie jedoch leider häufig von ihrem Partner aufs Schärfste kritisiert. Häufig kommt es dann zu Vertrauensverlusten in Form von Vertrauensentzug. Doch wenn ein Mensch einen Fehler macht und dann befürchten muss, dafür von seinem Partner beschimpft und verachtet zu werden, gibt es im Grunde von vornherein kein wirkliches Vertrauen zwischen beiden. Es fehlt dann das Vertrauen, sich dem Partner zumuten und anvertrauen zu dürfen. Aber wo es kein wahres Vertrauen gibt, kann eigentlich auch keines entzogen werden. Daher ist es gut, wenn in einer Beziehung genügend Verständnis dafür existiert, dass kein Mensch fehlerfrei ist und es genügend Raum für Offenheit und Ehrlichkeit geben muss! Wir sind gut beraten, wenn wir Vertrauen nicht daran messen, wie fehlerfrei der Partner seine Versprechen einhält oder unsere sonstigen Erwartungen erfüllt, sondern viel mehr daran, ob er stets bereit ist, sich uns zuzumuten und anzuvertrauen, wenn er einen Fehler oder eine Dummheit gemacht hat. Ganz egal um was es sich handelt! Wer das hinbekommt bzw. diese persönliche Reife entwickeln kann, hat allerbeste Chancen, dauerhaft eine glückliche und erfüllende Beziehung miteinander zu pflegen! Es ist sozusagen die Kür in Sachen Sozialkompetenz und Beziehungsfähigkeit!

Von wertschätzender Kommunikation
Die allerwichtigsten Grundpfeiler, die es uns ermöglichen, miteinander respektvoll und wertschätzend zu kommunizieren,

sind: die Bereitschaft zur uneingeschränkten Gleichberechtigung bzw. Gleichwertigkeit, die Bereitschaft zu größtmöglicher, vertrauensvoller Offenheit und Ehrlichkeit, die Bereitschaft, den jeweils anderen als den Menschen anzuerkennen, der er ist sowie die Bereitschaft, bei Differenzen nicht darum zu streiten, wer Recht hat, sondern sich die Unterschiede zuzugestehen und sich gütlich zu einigen.

Um wertschätzend miteinander zu sprechen, bedarf es keiner Kommunikationstechnik, sondern viel mehr einer achtsamen Grundhaltung. Man muss zutiefst verstehen, dass zwei Menschen, die Differenzen miteinander zu klären haben, beide gleichermaßen dazu berechtigt sind, ihre eigene Meinung zu besitzen. Die eigene Meinung ist für einen selbst genauso wichtig, berechtigt und wahr, wie die Meinung des anderen für ihn wichtig, berechtigt und wahr ist. Nur wer ein gewisses Maß an sozialer Kompetenz entwickeln kann, ist in der Lage, wertschätzend mit dem Partner umzugehen!

Wer wertschätzend kommuniziert, beachtet:

- Jeder Mensch glaubt, seine Sicht sei richtig, gerechtfertigt, wahr und objektiv. Deshalb geht es darum, ein Bewusstsein für die „Brille" zu entwickeln. Ein Bewusstsein für die eigene BRILLE und für die BRILLE des anderen!

- Konflikte entstehen durch Unterschiede im Denken, Fühlen und Handeln von mindestens zwei Personen / Parteien. Unterschiede sind jedoch ganz natürlich und stellen an sich kein Problem dar. Erst wenn man nicht bereit ist, einen Unterschied anzuerkennen und nach einer gütlichen Einigung zu suchen, wird daraus ein Problem. Deshalb geht es darum, sich gegenseitig Unterschiede zuzugestehen und diese zu respektieren!

- Ein Konflikt engt unsere freie Sicht auf den anderen / das andere ein. Man wird schnell misstrauisch und empfindlich. Annahmen werden dann schnell für Realität gehalten. Aus Mücken werden Elefanten. Deshalb geht es darum, achtsam für sich und den anderen zu sein und sachlich zu bleiben!

15

- Wir alle haben das Bedürfnis, verstanden zu werden. Jemanden zu verstehen bzw. für jemanden Verständnis zu haben, bedeutet nicht automatisch, mit ihm einverstanden zu sein. Einverstanden kann man nicht mit allem und jedem sein, aber verstehen (nachvollziehen) kann man alles und jeden, wenn man sich für die Ursachen interessiert – interessieren kann man sich immer!

Von vermeintlichen Enttäuschungen
Eine Enttäuschung beruht fast immer auf einer Selbsttäuschung! So oft höre ich in meiner Beratungspraxis Klienten klagen: „Mein Partner hat mich sehr enttäuscht" oder „ich bin in meinem Leben schon so oft von Menschen enttäuscht worden, dass ich mittlerweile schon gar keinem mehr wirklich trauen kann". Doch zu 95 Prozent halte ich das für einen Irrtum. Wenn Menschen von Enttäuschung sprechen, bringen sie meiner Erfahrung nach sehr häufig etwas Grundlegendes durcheinander! In den allermeisten Fällen ist es nämlich gar nicht so, dass wir von unserem Partner oder anderen Menschen enttäuscht werden. Vielmehr handelt es sich dabei um Selbsttäuschungen. Wir merken es nur nicht, weil wir nicht wirklich darüber nachdenken. Denn: wir sind es doch, die eine bestimmte Vorstellung von jemandem haben oder gewisse Erwartungen an ihn stellen. Als sei es selbstverständlich, gehen wir dann davon aus, dass der andere diesen zu entsprechen hat. Wie kommt es nur, dass wir uns für unsere Vorstellungen und Erwartungen häufig nicht verantwortlich fühlen? Warum schieben wir die Verantwortung für diese dem Partner in die Schuhe, wenn er sich nicht so verhält, wie wir es uns vorgestellt haben?

Dazu noch ein paar Gedanken: Auch wenn wir in der ersten Phase der Verliebtheit denken, wir seien dem Menschen begegnet, der perfekt zu uns passt, so ist es trotzdem immer so, dass zwei Menschen unterschiedlich denken, fühlen und handeln. Dass wir von unseren Unterschieden in dieser Phase nichts wissen, ist uns jedoch nicht bewusst. Wir bemerken diese Wissenslücke nicht, weil wir sie unbewusst mit etwas auffüllen, das wir irrtümlich für Wissen halten. Und zwar füllen wir diese Lücke mit unseren Erwartungen und Wünschen, die wir an den geliebten Menschen haben. Wir

16

stellen uns beispielsweise vor, dass er der perfekte Partner für uns ist. Jemand, der sehr gut zu uns passt; der alles genauso sieht und empfindet wie wir; der niemals etwas tun könnte, was uns wehtut; der nur uns liebt und daran interessiert ist, uns glücklich zu machen; ja der sich für unsere Zufriedenheit verantwortlich fühlt etc. Mit diesen naiven, unrealistischen Vorstellungen, Erwartungen und Überzeugungen gehen wir häufig in eine Beziehung.

Aber: wenn unser Partner dann aufgrund seiner eigenen Bedürfnisse, Interessen, Wünsche, Ziele, Denk-, Gefühls- und Handlungskompetenzen nicht in der Lage oder auch nicht willens ist, unsere Erwartungen zu erfüllen, dann ist das sein gutes Recht. Er ist deswegen doch kein schlechter Mensch. Soll er sich denn für uns verbiegen oder gar aufgeben? Soll ER den Preis für UNSERE Erwartungen zahlen? Ist das unsere Erwartungshaltung? Unsere Erwartungen passen halt einfach nicht immer zu seinen eigenen Bedürfnissen und Vorstellungen. Wenn wir ihn deswegen als schlechten Menschen abqualifizieren, müssten wir uns selbst ja auch eingestehen, ein schlechter Mensch zu sein, denn wir können genauso wenig immer nur so denken, fühlen und handeln, wie unser Partner sich das vorstellt!

Zum besseren Verständnis: WIR haben häufig UNSERE Vorstellungen und Erwartungen an andere, für die die anderen aber gar nichts können und deswegen auch nicht verantwortlich zu machen sind. Werden UNSERE Vorstellungen und Erwartungen nicht erfüllt, sollten WIR erkennen, dass WIR UNS in dem, was WIR UNS vorgestellt oder erwartet haben, getäuscht haben. WIR hatten angenommen, dass der Partner sich ganz nach UNSEREN Wünschen verhalten wird. Wenn er es dann aber nicht tut, haben WIR UNS geirrt (selbst getäuscht). WIR haben mit UNSERER Einschätzung falsch gelegen. UNSERE Selbst-Täuschung flog auf (sie wurde „ent-täuscht"). Die Erkenntnis, zu der wir kommen sollten, lautet demnach nicht wie oben geschildert: „Mein Partner hat mich sehr enttäuscht", sondern: „Mit den Vorstellungen, die ich von meinem Partner hatte und den Erwartungen, die ich an ihn stellte, habe ich mich getäuscht, ich hatte mich einfach nicht dafür interessiert, ob er meine Vorstellungen und Erwartungen überhaupt erfüllen kann und möchte. Ich hatte einfach vorausgesetzt, dass

17

das, was ich mir vorstellte und ich erwartete, gut und richtig ist!" Auch die zweite oben geschilderte Erkenntnis lautet nicht: „ich bin in meinem Leben schon so oft von Menschen enttäuscht worden, dass ich mittlerweile schon gar keinem mehr wirklich trauen kann", sondern vielmehr: „ich habe mich in meinem Leben schon so oft getäuscht, wenn ich gewisse Vorstellungen und Erwartungen an andere hatte, dass ich mir mittlerweile schon gar nicht mehr selbst trauen kann, ob ich mit meinen Vorstellungen und Erwartungen andere überfrachte und überfordere".

Also, warum erkennen wir häufig nicht, dass wir für unsere Enttäuschung selbst verantwortlich sind? Warum sprechen wir den anderen dafür schuldig? Drei wichtige Faktoren können sein:

Erstens: Wir alle meinen doch, dass das, was wir denken und wie wir die Dinge sehen, richtig ist. Wir halten unsere Vorstellungen und Erwartungen folglich für berechtigt. Dass andere diese erfüllen sollen, erscheint uns als richtig, ehrenwert, gerecht, moralisch korrekt etc. Werden diese vom Partner dann aber nicht erfüllt, werten wir sein Verhalten irrtümlich als falsch, unehrenhaft, ungerecht, moralisch unkorrekt etc.

Zweitens: Menschen sind häufig keine Weltmeister darin, Fehler bei sich selbst zu suchen. Einem anderen die Verantwortung zuzuschieben, geschieht oft nahezu automatisch. Das liegt an unseren biografischen Lernerfahrungen.

Drittens: Wenn unsere Erwartungen nicht erfüllt werden, bescheren uns die damit verbundenen unerfüllten Bedürfnisse immer auch unangenehme Gefühle. Weil Gefühle viel schneller in unserem Bewusstsein ankommen, als wir uns überhaupt über sie Gedanken machen können, kommen wir häufig auch gar nicht auf die Idee, noch einmal über alles genau nachzudenken. Wir vertrauen unseren unangenehmen Gefühlen, die uns zu sagen scheinen: „Dass es mir jetzt so schlecht geht, kommt nur daher, weil du nicht gemacht hast, was ich wollte! Du bist schuld daran, dass es mir jetzt so schlecht geht!" Wer sein Gefühl hinterfragt müsste in den meisten Fällen jedoch zu folgender Erkenntnis kommen: „Dass es mir jetzt so schlecht geht, kommt daher, weil du nicht gemacht hast,

18

was ich wollte. Da du aber nicht verpflichtet bist, mir all meine Erwartungen zu erfüllen, trifft dich an meinem Ärger logischerweise auch keine Schuld! Ich selbst kann ja schließlich auch nicht all deine Erwartungen erfüllen! Selbst wenn ich wollte, ich könnte es nicht! Niemand kann alle Erwartungen eines anderen erfüllen! Die Verantwortung für meine eigenen Bedürfnisse und Vorstellungen liegt also bei mir selbst!"

Übrigens: Wer das wirklich versteht und so sehen kann, ärgert sich in der Regel schon gar nicht mehr so sehr, wenn seine Erwartungen nicht erfüllt werden. Ein weiterer positiver Nebeneffekt ist: Wer das wirklich versteht, wird zudem viel weniger Erwartungen an seinen Partner stellen. Was wiederum ein Zeichen für persönliche Reife, Sozialkompetenz und Beziehungsfähigkeit darstellt! Was sich dann natürlich sehr positiv auf die Paarbeziehung auswirkt!

Wann kann man davon sprechen, dass man tatsächlich von einem anderen Menschen enttäuscht wurde? Wenn mich jemand ganz bewusst belügt bzw. mir etwas vortäuscht oder mir jemand etwas verspricht bzw. zusagt, und sich dann nicht daran hält, dann kann ich zu ihm sagen: „Ich habe auf das, was du zu mir sagtest, vertraut und jetzt hast du mich enttäuscht!" Aber Vorsicht! Jeder kann auch mal etwas vergessen oder sich nicht an etwas halten, das er zugesagt hatte. Erstrecht wenn nach der Zusage bereits viel Zeit vergangen ist. Menschen ändern sich im Laufe ihres Lebens. Es ist legitim, wenn man sich nach einer gewissen Zeit nicht mehr an etwas halten kann, was man einmal zugesagt hat, wenn sich die Umstände, Wünsche, Prioritäten und Lebensziele geändert haben! Deshalb lohnt es sich, über alles, was einem in der Partnerschaft wichtig ist, immer wieder mal neu zu kommunizieren!

Vom Schutz einer Beziehung
Eine Partnerschaft, in der sich beide Beteiligten Verbundenheit, Treue und Beständigkeit wünschen, braucht bewusste Pflege und Schutz. Beide sollten wirklich wissen, dass Verbundenheit und Treue bewusst zu kultivieren sind und das gemeinsame Glück gegen erotische und sonstige Versuchungen von außen geschützt

werden muss. Doch eine Beziehung braucht nicht nur Schutz nach außen, sondern auch nach innen.

Der innere Schutz besteht aus der Pflege der Beziehung. Wenn beide den Rahmen, also den Wert, die Basis, die Absprachen und Ziele ihrer Beziehung kennen und entsprechend bewusst miteinander umgehen, schützen sie damit das, was sie miteinander haben und aufrechterhalten wollen.

Der Schutz nach außen besteht hauptsächlich aus zwei Aspekten:

- Erster Aspekt: Beide Partner verhalten sich in der Gegenwart anderer so, dass diese erkennen können, dass beide ein Paar sind. Damit signalisieren sie Außenstehenden, dass sie sich lieben und für andere tabu sind. Beide intensivieren mit solchem Verhalten auch für sich selbst spürbar das zwischen ihnen vorhandene emotionale Band.

- Zweiter Aspekt: Beiden Partnern ist bewusst, dass es auf dieser Welt andere Menschen gibt, die man – neben dem eigenen Partner – erotisch interessant finden kann. Nicht weil man ein charakterloser oder schlechter Partner ist, sondern weil alle Menschen sexuelle Wesen sind, die Augen im Kopf haben! Das ist ganz natürlich und nicht zu vermeiden. Beiden Partnern sollte also klar sein, dass die eigene Paarbeziehung gegen potenzielle „Gefahren" von außen bewusst geschützt werden muss. Das heißt, gegen einen kleinen Flirt oder Ähnliches ist vermutlich nichts einzuwenden, aber spätestens wenn man sich für einen Außenstehenden mehr interessiert, als es der Beziehung zuträglich ist, sollte man die Reißleine ziehen, sich zurückziehen und sich auf den Wert und den Schutz der eigenen Beziehung besinnen. Solch ein Bewusstsein bzw. diesen bewussten Schutz braucht jede Paarbeziehung!

20

Vom Rahmen einer Beziehung

Die persönliche Freiheit eines Singles ist eine andere, als die Freiheit von zwei Menschen, die sich als Paar begreifen und ihr gemeinsames Leben im Rahmen einer Beziehung gestalten wollen. Ein Paar, das nicht beziehungslos nebeneinanderher lebt, sondern sich wirklich als Paar begreift, weiß, dass es gewisse Rahmenbedingungen gibt, die es zu wahren gilt. Solch ein Paar hat ein entsprechend gut entwickeltes WIR-Bewusstsein. Jeder weiß für sich selbst, wer er ist, was er will und was er braucht. Aber beide wissen auch, wer der jeweils andere ist, was dieser will und braucht. Die logische Schlussfolgerung daraus ist: Im Rahmen ihrer Beziehung sind beide daran interessiert, alle Bedürfnisse, Interessen, Wünsche etc. gleichberechtigt, respektvoll, wertschätzend und einander zugewandt unter einen Hut zu bringen. Um den Rahmen der gemeinsamen Beziehung wahren zu können, muss man diesen natürlich zunächst einmal kennen. Das heißt, ein Paar sollte gemeinsam klären, welche Aspekte es sind, die den Rahmen ihrer Beziehung bilden!

Also: Was macht Ihre Beziehung bedeutend? Worin sehen Sie den Wert Ihrer Beziehung? Was sind die Gründe, warum Sie sich für Ihre Beziehung entscheiden? Wissen Sie, was Sie aneinander haben? Welche Absprachen gibt es zwischen Ihnen beiden? Auf welcher Basis (Vertrauen, Treue, Respekt, Gleichberechtigung, Anerkennung, Ehrlichkeit etc.) möchten Sie Ihre Beziehung führen? Wissen Sie welchen Schutz Ihre Beziehung braucht? Erst wenn Sie den Rahmen kennen, können Sie Ihrer Beziehung die Aufmerksamkeit und Pflege geben, die Sie braucht. Erst dann haben Sie eine Grundlage, auf der Sie wissen, was Sie sich voneinander wünschen; wo Sie sich aufeinander verlassen dürfen und wodurch Sie wahres Vertrauen wachsen lassen können. Und durch welches Verhalten Sie Vertrauen beschädigen würden! Für Eifersucht, Kontrollverhalten und viele andere Probleme, die mit einem Mangel an Vertrauen zusammenhängen, gäbe es keinen Nährboden mehr. Für die meisten anderen Probleme und Missverständnisse, die mit einem Mangel an Respekt und Anerkennung etc. zu tun haben, ebenso wenig!

Fünf Aspekte bilden den Rahmen einer Beziehung

- Aspekt Nr. 1: Ein gut entwickeltes WIR-Bewusstsein

- Aspekt Nr. 2: Die Säulen der Beziehung (Vertrauen, Treue, Respekt, Gleichberechtigung, Anerkennung, Ehrlichkeit etc.)

- Aspekt Nr. 3: Miteinander geschlossene Vereinbarungen (Grundsätzliches)

- Aspekt Nr. 4: Sonstige Absprachen (Erwartungen, Ziele, Vorstellungen, Wünsche etc.)

- Aspekt Nr. 5: Schutz der Beziehung

Nur noch einen Hinweis vorab
Gleich haben Sie alle wichtigen Vorabinformationen gelesen, sodass Sie in wenigen Minuten damit beginnen können, mit Ihrem Paarkalender zu arbeiten! Nachfolgend nur noch eine Info:

Die Beziehungs-Schatzkiste
Wenn Sie mit Ihrem 5-Minuten-Paartherapie-Dauerkalender arbeiten, werden Sie immer wieder mal zu einer Übung gelangen, die wie folgt lautet: „Welchen gemeinsamen Schatz möchten wir heute unserer Beziehungsschatzkiste hinzufügen?" Genauso wie die Übung „FÜR WAS SIND WIR DANKBAR?" sowie die Übung „WAS LIEBE ICH AN DIR?", zu denen Sie auch immer wieder mal gelangen werden, ist die Übung „UNSERE BEZIEHUNGS-SCHATZKISTE" eine sehr friedenstiftende und heilsame Übung, mit der Sie die Gefühle von Zweisamkeit, Gemeinschaft und Nähe nähren! Nachfolgend die Anleitung zur „Beziehungs-Schatzkiste":

Nehmen Sie sich etwas Zeit und machen Sie beide es sich gemütlich! Stellen Sie sich dann die Frage: Was alles haben wir gemeinsam Positives erlebt oder erreicht? Was alles besitzen wir? Was alles bedeutet uns viel? Alles, was Ihnen dazu einfällt, sind die Schätze Ihrer gemeinsamen Beziehung! Das können ganz kleine, aber auch ganz große gemeinsame Schätze sein! Auch kann es gut sein, dass Sie sogar negative Ereignisse als Schätze Ihrer Beziehung bezeichnen möchten, wie etwa schwere Zeiten, die Sie gemeinsam durchlebt und die Sie zusammengeschweißt haben oder anstrengende Aufgaben, die Sie zusammen bewältigten oder Ähnliches! Sie werden staunen, was Ihnen alles einfallen wird! Überlegen Sie dann gemeinsam, wie und wo Sie die Schätze Ihrer Beziehung aufbewahren möchten! Sie können einfach alles, was Ihnen einfällt, aufschreiben und in einem Ordner sammeln. Eine sehr viel schönere Idee ist beispielsweise, eine Schatzkiste in Form eines schönen Kartons oder Ähnlichem bereitzuhalten. Sie können dann jeden einzelnen Schatz Ihrer Beziehung auf einen Zettel oder ein Kärtchen schreiben und in Ihrer Schatzkiste sammeln. Fügen Sie regelmäßig oder immer wenn Sie es möchten, weitere Schätze hinzu! Mithilfe Ihrer Schatzkiste können Sie sich immer wieder ganz leicht all Ihre Schätze ins Bewusstsein rufen und sich an Ihren gemeinsamen Reichtum erinnern!

5 Minuten Paartherapie an jedem Tag

365 Übungen und Denkimpulse aus der Paarberatung

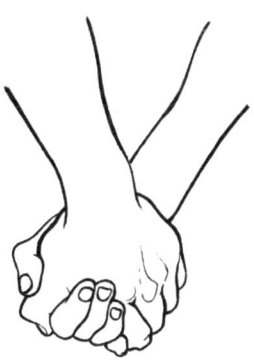

Januar

01. Januar

Denkimpuls: Vieles, was unser Partner für uns tut oder an positiven Aspekten in unsere Beziehung einbringt, halten wir mit der Zeit für selbstverständlich. Tatsächlich ist es das aber nicht! Und manches halten wir nicht nur für selbstverständlich, sondern wir bekommen auch schon gar nicht mehr mit, was an Positivem überhaupt alles vorhanden ist.

Leider empfinden wir für alles, was wir mit der Zeit für selbstverständlich halten, keine Dankbarkeit mehr. Hierfür ein Bewusstsein zu entwickeln, künftig achtsamer zu sein, genauer hinzuschauen, die vermeintlichen Selbstverständlichkeiten wieder wahrzunehmen und dafür Dankbarkeit und Wertschätzung zum Ausdruck zu bringen, stabilisiert jede Paarbeziehung und intensiviert das emotionale Band zwischen beiden Partnern!

(Lassen Sie diesen Denkimpuls einfach auf sich wirken!)

02. Januar

Denkimpuls: Grundlegend für eine glückliche Beziehung ist eine gute, einander zugewandte, wertschätzende Kommunikation! Wertschätzend zu kommunizieren bedeutet: einander zuzuhören! Einander verstehen und respektieren zu wollen! Sich dafür zu öffnen und zu interessieren, was der andere denkt und fühlt bzw. was er von sich mitteilt. Sich nicht gegenseitig ins Wort zu fallen oder bereits nach Gegenargumenten zu suchen, derweil der Partner noch gar nicht zu Ende gesprochen hat.

(Lassen Sie diesen Denkimpuls einfach auf sich wirken!)

24

03. Januar

Denkimpuls: Menschen sind oft keine Weltmeister darin, Fehler zuzugeben. Wir werden von Kindesbeinen an dazu angehalten, Leistung zu erbringen. Auf diese Weise lernen wir leider nicht, unsere Schwächen zu zeigen und zu unseren Niederlagen zu stehen.

Wir haben deshalb ein inneres Abwehrprogramm entwickelt, das nicht nur Kritik automatisch abwehrt. Es blockiert auch jedwede Einsichtsfähigkeit, wenn es darum geht, eigene Fehler zu erkennen und zuzugeben.

Diese unbewusste Abwehr will uns davor schützen, als der Verlierer, der Unterlegene, der Sich-Irrende oder Schwache dazustehen! Dieser falsche Stolz führt bei Paaren häufig zur Zuspitzung und Verhärtung von Beziehungsproblemen.

Es ist daher sehr heilsam, wenn wir uns bewusst darin üben, uns selbst unsere Schwächen, Fehler, Irrtümer und Niederlagen einzugestehen und sie gegenüber dem Partner zuzugeben. Die heilsame Wirkung tritt meist sofort spürbar ein!

(Lassen Sie diesen Denkimpuls einfach auf sich wirken!)

04. Januar

Denkimpuls: Dem anderen das Gefühl zu vermitteln, dass er so, wie er ist, in Ordnung ist; ihm zu zeigen, dass man ihn sieht, anerkennt und liebt, wirkt sich in jedem Fall sehr positiv in jeder Beziehung aus!

(Lassen Sie diesen Denkimpuls einfach auf sich wirken!)

05. Januar

Übung zur Beziehungspflege: Das alte Jahr ist zu Ende! Ein neues Jahr fängt an! Jetzt ist ein guter Zeitpunkt, um Altes und Belastendes hinter sich zu lassen sowie Neues und Bereicherndes zu sich einzuladen. Was möchten Sie gerne loslassen, vergessen, abhaken, abschließen, sich selbst oder dem anderen verzeihen etc.? Und was möchten Sie nun gerne in Ihr Leben neu einladen oder integrieren? Was möchten Sie angehen, ausprobieren, erreichen, verändern, sich Gutes tun? Vielleicht haben Sie sich diesbezüglich bereits im alten Jahr Gedanken gemacht!? Dann fällt Ihnen diese Übung jetzt umso leichter!

(Nehmen Sie sich etwas Zeit und überlegen Sie, wozu Sie diese Übung inspiriert! Wie möchten Sie gleich heute oder in den nächsten Tagen vorgehen? Was möchten Sie beide als Paar für sich gemeinsam Neues planen? Was, jeder Einzelne von Ihnen beiden für sich selbst? Notieren Sie sich dann Ihre Gedanken und Ziele auf einem Blatt Papier! Bewahren Sie Ihre Notizen gut auf und nehmen Sie sie immer wieder mal zur Hand, damit nichts wieder in Vergessenheit gerät!)

06. Januar

Denkimpuls: Jeder Mensch wünscht sich einen Partner, bei dem er sich geborgen, unterstützt, anerkannt und geliebt fühlen kann! Bekomme ich das hin, künftig achtsamer zu sein und dafür zu sorgen, dass mein Partner sich bei mir mehr geborgen, unterstützt, geachtet und geliebt fühlen kann? Vielleicht einfach nur mit regelmäßigen, kleinen Aufmerksamkeiten und Gesten der Zuneigung? Bekommst du das hin, künftig achtsamer zu sein und dafür zu sorgen, dass ich mich bei dir mehr geborgen, unterstützt, geachtet und geliebt fühlen kann? Vielleicht einfach nur mit regelmäßigen, kleinen Aufmerksamkeiten und Gesten der Zuneigung?

(Lassen Sie diesen Denkimpuls einfach auf sich wirken!)

07. Januar

Denkimpuls: Ob eine Beziehung dauerhaft bestehen kann, hängt davon ab, ob zwei Menschen gut zueinander passen, weil es zwischen Ihnen entweder a) nur wenige Unterschiede im Denken, Fühlen und Handeln gibt; oder b) sie die Bereitschaft und Kompetenz besitzen, über vorhandene Differenzen respektvoll miteinander zu reden und sich zu einigen; oder c) sie einander trotz der Unterschiede einfach so respektieren können, wie sie sind!

(Lassen Sie diesen Denkimpuls einfach auf sich wirken!)

08. Januar

Übung zur Beziehungspflege: Einer der vier Grundpfeiler aller menschlichen Bedürfnisse ist das Bedürfnis nach Lebensfreude (im Sinne von Lustgewinn bzw. Unlustvermeidung)! Was können wir heute oder in den nächsten Tagen Förderliches für die Erfüllung dieses grundlegenden Bedürfnisses tun? Wie können wir unser Bedürfnis nach Lebensfreude nähren? Und insbesondere: Wie können wir als Paar unser Bedürfnis nach gemeinsamer Lebensfreude nähren?

(Nehmen Sie sich ein wenig Zeit und machen Sie sich gemeinsam darüber Gedanken!)

09. Januar

Übung zur Beziehungspflege: Was ist das Lustigste, das ich mit dir gemeinsam erlebt habe? Was ist das Lustigste, das du gemeinsam mit mir erlebt hast?

(Verbringen Sie ein wenig Zeit zusammen und teilen Sie Ihre Erinnerungen miteinander!)

27

10. Januar

Denkimpuls: Einen anderen Menschen zu lieben bedeutet, ihn glücklich machen zu wollen. Es gibt nur eine Möglichkeit, den Partner glücklich zu machen. Man muss ihn als den Menschen anerkennen, der er ist, und ihm den Raum zur Verfügung stellen, den er für seine Entwicklung und Entfaltung braucht. Ganz am Anfang einer Beziehung, in der Phase der ersten Verliebtheit, glauben wir, den Menschen gefunden zu haben, der uns genau deshalb liebt, weil wir so sind, wie wir sind. Herrscht ein Mangel an sozialer Kompetenz in Form von zu wenig Respekt, Wertschätzung, Akzeptanz und Gleichberechtigung in der Beziehung vor, verflüchtigen sich diese Überzeugung und das Gefühl, geliebt zu werden, nach und nach. Kurz: Geringschätzung ist kein Nährboden für Liebe und gemeinsames Glück!

(Lassen Sie diesen Denkimpuls einfach auf sich wirken!)

11. Januar

Übung zur Beziehungspflege: Was wünsche ich mir für uns beide? Was wünschst du dir für uns beide?

(Verbringen Sie ein wenig Zeit zusammen und teilen Sie einander Ihre Gedanken dazu mit!)

12. Januar

Übung zur Beziehungspflege: Was empfand ich als unseren schönsten gemeinsamen Urlaub und warum? Was empfandst du als unseren schönsten gemeinsamen Urlaub und warum?

(Verbringen Sie ein wenig Zeit zusammen und teilen Sie einander Ihre Gedanken dazu mit!)

13. Januar

Denkimpuls: Da Geringschätzung das übelste Beziehungs-gift ist, das es gibt, ist es uns wichtig, möglichst ohne jede Form von Geringschätzung auszukommen.

(Lassen Sie diesen Denkimpuls einfach auf sich wirken!)

14. Januar

Denkimpuls: Respekt ist ein Grundpfeiler in glücklichen Beziehungen. Dazu einige Worte eines glücklichen Paares: „Wir respektieren und achten den jeweils anderen in seiner Individualität. Wir beide wissen, dass wir nun einmal so sind wie wir sind. Wir können zumindest jetzt und hier nicht anders denken, fühlen und handeln, als es uns jetzt und hier aufgrund unserer Entwicklung, Prägung, Neigungen, Stärken, Schwächen, Verletzungen, Fähigkeiten und Unfähigkeiten etc. möglich ist. Nicht nur wir beide, sondern jeder Mensch kann nur so sein, wie es ihm möglich ist. Wenn wir uns das vor Augen halten, kommen wir nicht umhin, zu verstehen, dass jeder nur der Mensch sein kann, der er ist. Das heißt nicht, dass wir immer alles toll finden müssen, was der andere denkt, fühlt und tut. Natürlich können wir mit dem jeweils anderen darüber sprechen, welche Eigenschaften uns an ihm stören. Das gibt jedem ja auch die Möglichkeit, sich selbst zu überprüfen und sich gegebenenfalls verändern zu können. Jedoch sollten wir erkennen, dass die Individua-lität des anderen grundsätzlich zu respektieren ist. Er hat das Recht, der Mensch zu sein, der er ist und sein möchte. Wir wollen doch schließlich alle in einer Beziehung leben, in der uns der andere das Gefühl gibt, der Mensch sein zu dürfen, der wir sind. Dort, wo wir selbst erkennen, dass wir etwas an uns verändern wollen, können wir an uns arbeiten. Aber nichts kann vom Partner erzwungen werden."

(Lassen Sie diesen Denkimpuls einfach auf sich wirken!)

15. Januar

Übung zur Beziehungspflege: Kommt Ihnen das bekannt vor? Sie möchten Zeit miteinander verbringen und dann ist ständig einer von Ihnen beiden mit dem Handy zugange! Das Handy wirkt in vielen Partnerschaften als wahrer Beziehungskiller. Ein Smartphone ist schon eine tolle Sache, aber es absorbiert auch viel Zeit, die einem dann an anderer Stelle fehlt – z.B. in der Partnerschaft! Ist das bei Ihnen auch so? Wenn nein, können Sie sich glücklich schätzen! Wenn ja, möchten Sie diesbezüglich vielleicht ein paar Gegenmaßnahmen entwickeln? Sie könnten sich vieles einfallen lassen, z.B. handyfreie Zeiten, kein Handy während dem Essen, kein Handy in der Nähe des Bettes etc.

Bedenken Sie auch mal, wie häufig das Handy durch einen Piep-Ton den Eingang einer Nachricht – etwa von Facebook, Instagram etc. – ankündigt und wie Sie darauf reagieren! Solch ein Ton weckt doch stets die Neugier oder? Wir können kaum anders, als nachzuschauen, was gerade wieder bei uns eingegangen ist. Doch wie wichtig sind diese Nachrichten wirklich? Sind sie es wert, dass wir die Zeit, die wir gerade mit dem Partner oder einem anderen Menschen verbringen, unterbrechen?

(Nehmen Sie sich beide etwas Zeit und machen Sie sich Gedanken darüber! Treffen Sie dann gemeinsam eine Entscheidung!)

16. Januar

Denkimpuls: Ist dir bewusst, dass ich nur glücklich sein kann, wenn du mir das Gefühl gibst, dass ich so, wie ich bin, in Ordnung bin? Ist mir bewusst, dass du nur glücklich sein kannst, wenn ich dir das Gefühl gebe, dass du so, wie du bist, in Ordnung bist?

(Lassen Sie diesen Denkimpuls einfach auf sich wirken!)

30

17. Januar

Übung zur Beziehungspflege: Intakte soziale Kontakte wie z.B. zu Verwandten, Freunden und Bekannten, sind sehr wertvoll und alles andere als selbstverständlich. Diese zu pflegen, ermöglicht, mit anderen in guter Verbindung zu stehen und zu bleiben.

Gute soziale Kontakte bescheren ein hohes Maß an Lebensfreude. Es lohnt sich, diese gebührend wertzuschätzen und zu pflegen! Zusätzlich zu Telefonaten und Freizeitaktivitäten mit sozialen Kontakten bietet der Geburtstag eines Menschen eine gute Gelegenheit, mal wieder in Kontakt zu treten und die gemeinsame Bindung zu pflegen.

Eine persönliche Postkarte, ein paar Zeilen in einem Brief oder gar das Zusenden eines kleinen Päckchens erfreuen jeden. Weniger persönlich und daher auch weniger beziehungserhaltend wirken E-Mails, SMS oder Ähnliches.

(Nehmen Sie sich ein wenig Zeit und überlegen Sie gemeinsam, ob Sie künftig mehr tun könnten, um Ihren sozialen Kontakten gegenüber mehr Wertschätzung zum Ausdruck zu bringen? Was möchten Sie tun? Möchten Sie etwas tun? Dann entwickeln Sie einen Plan und führen Sie ihn achtsam und konsequent aus!)

18. Januar

Denkimpuls: Geliebt fühlen wir uns nur dann, wenn wir von unserem Partner das Gefühl vermittelt bekommen, dass wir uns immer vertrauensvoll an ihn wenden können – ganz egal, was wir ihm anzuvertrauen, mitzuteilen oder zu beichten haben.

(Lassen Sie diesen Denkimpuls einfach auf sich wirken!)

19. Januar

Übung zur Beziehungspflege: In welchen Momenten bin ich besonders glücklich? In welchen Momenten bist du besonders glücklich?

(Nehmen Sie sich etwas Zeit und erzählen Sie sich gegenseitig, wo, wann und wobei Sie sich besonders glücklich fühlen! Lassen Sie das Gespräch danach einfach auf sich wirken!)

20. Januar

Denkimpuls: Zu leben bedeutet, in einem stetigen Wandlungsprozess zu sein. Jeder einzelne entwickelt sich weiter. Weil sich jeder einzelne weiterentwickelt, wird jeder auch immer mit der Entwicklung des jeweils anderen konfrontiert. Für eine glückliche Beziehung ist es gut, wenn sich jeder für die Entwicklung des anderen interessiert und nicht versucht, diesen daran zu hindern. Beide müssen dabei im Auge behalten, wie es bei dieser stetigen Entwicklung und Wandlung möglich wird, die gemeinsame Beziehung weiterhin zu pflegen. Also auch die Beziehung befindet sich in einem stetigen Entwicklungsprozess. Dafür braucht es die Bereitschaft von beiden, Entwicklung als etwas Unvermeidbares, Lebensnotwendiges und zugleich Lebensdienliches anzuerkennen.

Wer hingegen davon ausgeht, eine Beziehung oder eine Liebe müsse möglichst immer so bleiben, wie sie in ihrer Anfangszeit war, wird in der Regel schon bald Schiffbruch erleiden. Die Schuld dafür wird dann gern dem jeweils anderen in die Schuhe geschoben. Das ist schließlich einfacher, als sich selbst einzugestehen, dass die eigenen Vorstellungen des gemeinsamen Glücks zu unrealistisch und naiv waren!

(Lassen Sie diesen Denkimpuls einfach auf sich wirken!)

21. Januar

Denkimpuls: Verachtung ist ein starkes Beziehungsgift. Genervt zu seufzen, mit den Augen zu rollen, auf den Partner herabzusehen oder ihn auf andere Weise geringzuschätzen, ist bereits ein Ausdruck von Verachtung. Ironie und Sarkasmus können auch Verachtung beinhalten. Daher sind sie nur mit Bedacht in der Kommunikation anzuwenden! In glücklichen Beziehungen gibt es keine Verachtung. In unglücklichen Beziehung tritt sie sogar vermehrt auf.

(Lassen Sie diesen Denkimpuls einfach auf sich wirken!)

22. Januar

Denkimpuls: Im Verstehen, dass jeder die Welt durch eine eigene (andere) Brille wahrnimmt, liegt sehr große, friedenstiftende, heilsame Kraft.

Sich für die Sicht des anderen zu interessieren und zu versuchen, ihn zu verstehen, ist ein Zeugnis hoher Sozialkompetenz. Wer das wirklich zutiefst verstanden hat, dem ist auch klar, dass es bei der gemeinsamen Kommunikation und beim gemeinsamen Umgang zwar Meinungsverschiedenheiten geben kann, dass es aber niemals zu Respektlosigkeit, Rechthaberei, Bevormundung und anderen gewaltsamen Übergriffen kommen darf.

Die Meinung des anderen mag uns manchmal falsch vorkommen, doch was drängt uns eigentlich dazu, deswegen zu streiten? Oder woher nehmen wir das Recht, das zu tun? Warum können wir die Meinung des anderen nicht einfach so stehen lassen? Es wäre doch ein Zeichen von Respekt und Gleichberechtigung!

(Lassen Sie diesen Denkimpuls einfach auf sich wirken!)

23. Januar

Denkimpuls: Die Worte „es tut mir leid", „ich möchte dich um Entschuldigung bitten", „ich glaube, du hast Recht" oder „ich sehe ein, dass ich einen Fehler gemacht habe" hört jeder Mensch gerne und sie können häufig sehr schnell ihre positive Wirkung auf die gemeinsame Beziehung entfalten!

(Lassen Sie diesen Denkimpuls einfach auf sich wirken!)

24. Januar

Denkimpuls: Die Basis einer glücklichen Beziehung bilden Wertschätzung, Anerkennung, Respekt, Empathie und Gleichberechtigung. Diese bietet auch den Nährboden für Harmonie und dauerhafte Liebe!

(Lassen Sie diesen Denkimpuls einfach auf sich wirken!)

25. Januar

Denkimpuls: Für einen vertrauensvollen, offenen und ehrlichen Umgang ist es erforderlich, sich nicht nur vom jeweils andern zu wünschen, dass dieser immer offen und ehrlich über alles spricht, sondern beide sollten jeweils auch die Bereitschaft besitzen, die offen und ehrlich anvertraute Wahrheit des anderen unvoreingenommen anzuhören, diese als zu ihm gehörend anzuerkennen und ihm keine Vorwürfe zu machen, wenn einem die Wahrheit nicht gefällt oder wenn diese manchmal sogar verletzend ist! Es ist nicht zu vermeiden, dass zwei Menschen aufgrund ihrer Unterschiede im Denken, Fühlen und Handeln manchmal etwas tun, das dem jeweils anderen nicht gefällt. Das ist nicht so, weil einer dem anderen wehtun will, sondern es ist eine Begleiterscheinung individueller Bedürfnisbefriedigung!

(Lassen Sie diesen Denkimpuls einfach auf sich wirken!)

26. Januar

Denkimpuls: Das Denken, Fühlen und Handeln des anderen ernst zu nehmen, zu akzeptieren, zu respektieren, zu bestätigen, wirkt sich positiv auf jede Beziehung aus!

(Lassen Sie diesen Denkimpuls einfach auf sich wirken!)

27. Januar

Übung zur Beziehungspflege: Welchen gemeinsamen Schatz möchten wir heute unserer Beziehungs-Schatzkiste hinzufügen? (Siehe „Die Beziehungs-Schatzkiste" Seite 22)

28. Januar

Übung zur Beziehungspflege: Wohin können wir heute oder in den nächsten Tagen einmal essen gehen, wo wir noch nie waren. Vielleicht sogar in ein Restaurant mit einer fremdartigen bzw. ausländischen Küche, die wir noch nie ausprobiert haben?

(Nehmen Sie sich ein wenig Zeit, sprechen Sie gemeinsam darüber, treffen Sie eine Entscheidung und werden Sie aktiv!)

29. Januar

Denkimpuls: Für die Harmonie, Zweisamkeit und Liebe in einer Beziehung ist es sehr heilsam, wenn sich beide an der Beziehung Beteiligten immer wieder fragen, ob sie ihrem Partner mit genügend Empathie (Einfühlungsvermögen) begegnen!

(Lassen Sie diesen Denkimpuls einfach auf sich wirken!)

30. Januar

Übung zur Beziehungspflege: Was gefällt mir an dir? Was liebe ich an dir? Das kann etwas ganz Alltägliches oder einfach nur Menschliches sein, wie etwa „Mir gefällt an dir, dass du so schöne Augen hast!" „Mir gefällt an dir, dass du so ein herzlicher Mensch bist!" „Ich liebe die Art, wie du läufst, lachst, mit anderen Menschen umgehst!" etc.

Es kann grundsätzlich alles benannt werden, was der Wahrheit entspricht! Es geht nicht um die Aufzählung möglichst vieler Aspekte, die Sie aneinander mögen oder lieben. Nennen Sie nur eine einzige Sache. Es muss auch nicht wie aus der Pistole geschossen aus Ihnen herausplatzen.

(Nehmen Sie sich für diese Übung kurz Zeit! Wenn Sie möchten, können Sie diese auch zu einem regelmäßigen Ritual werden lassen. Machen Sie die Übung dann beispielsweise 1 x täglich oder 1 x wöchentlich immer zur gleichen Zeit oder in welchem Rhythmus Sie es möchten!)

31. Januar

Monatsrückblick: Haben wir diesen Monat jeden Tag konsequent unseren Paarkalender zur Hand genommen oder zumindest versäumte Tage nachgearbeitet? Haben sich die Denkimpulse und Übungen in irgendeiner Form auf mein/dein/unser Denken, Fühlen und Handeln ausgewirkt? Welche Erkenntnisse haben wir gewonnen? Hat sich die Qualität unserer Beziehung in irgendeiner Form verändert?

(Nehmen Sie sich ein wenig Zeit und sprechen Sie gemeinsam darüber!)

36

Februar

01. Februar

Denkimpuls: Menschen machen Fehler! Fehler zu machen ist menschlich! Sogar große Fehler zu machen ist menschlich! Aufgrund unserer komplexen und vielschichtigen Denkgebäude, Verhaltensmuster und Gefühlsstrukturen fällt es uns nicht immer leicht, uns so zu verhalten, wie es für uns und andere am besten, gerechtesten, ehrlichsten oder erfreulichsten ist. Erstrecht nicht, wenn es uns gerade nicht gut geht oder unsere unerfüllten Bedürfnisse uns quälen.

Einem anderen seine Fehler zu vergeben und zu verzeihen ist daher nicht nur genauso menschlich, sondern auch ein Zeichen für innere Größe und soziale Kompetenz. Damit beweist man Respekt, Wertschätzung und Verständnis gegenüber dem anderen. Vergeben und verzeihen zu können, bedeutet auch, nicht nur die Fehler des anderen zu sehen, sondern neben diesen auch seine positiven Aspekte. Mit Vergebung und Verzeihung entlastet man ferner nicht nur den anderen, sondern auch sich selbst. Insgesamt wirkt sich das sehr heilsam auf jede Beziehung aus!

(Lassen Sie diesen Denkimpuls einfach auf sich wirken!)

02. Februar

Übung zur Beziehungspflege: Was möchte ich gerne noch mit dir gemeinsam erleben? Was möchtest du gerne noch mit mir gemeinsam erleben? Gibt es da etwas?

(Nehmen Sie sich ein wenig Zeit und sprechen Sie gemeinsam darüber! Treffen Sie gemeinsam eine Entscheidung oder lassen Sie das Gesagte zunächst einfach nur auf sich wirken!)

37

03. Februar

Denkimpuls: Bei einem Streit mit Trennung oder ähnlich drastischen Drohungen aufzuwarten, hinterlässt beim Partner oft schwere seelische Wunden. Es ist daher ratsam, niemals solche Drohungen zu formulieren. Falls man im Eifer des Gefechts doch einmal mit solch einem schweren Geschütz um sich geschossen hat, ist es angebracht, sich im Anschluss, wenn die Wut verflogen ist, beim Partner zu entschuldigen. „Es tut mir Leid, es war falsch von mir, das zu sagen, aber ich war so wütend, dass mir das einfach so rausgerutscht ist ..." Das kann sehr heilsam wirken!

(Lassen Sie diesen Denkimpuls einfach auf sich wirken!)

04. Februar

Denkimpuls: Ein wenig Eifersucht ist ganz natürlich und vermag einer funktionierenden Beziehung nicht wirklich schaden, aber grundsächlich gilt: Eifersucht hat eher wenig mit Liebe zu tun. Wer zur Eifersucht neigt, hat in der Regel ein schwaches Selbstwertgefühl und / oder fühlt sich von der Partnerschaft abhängig und / oder besitzt insgesamt gesehen keine gute Lebenszufriedenheit. Liebe ist ein positives Gefühl. Sie wird von Vertrauen getragen. Einen Menschen zu lieben bedeutet zudem, an dessen Glück und Entwicklung interessiert zu sein. „Das, was du zum Glücklichsein brauchst, das gönne ich dir, egal, was es ist." Eifersucht ist hingegen ein Gemisch aus negativen Gefühlen. Ihr liegt Misstrauen zugrunde. Eifersucht wirkt also genau gegenteilig. Es bedeutet, dass man nicht wirklich am Glück des anderen interessiert ist. „Du darfst zwar glücklich sein, aber nur im Rahmen meiner eigenen Vorstellungen." Der Partner wird eingeengt und in seiner Freiheit beschnitten. Eifersucht bedeutet, den Partner nach eigenen Vorstellungen formen zu wollen!

(Lassen Sie diesen Denkimpuls einfach auf sich wirken!)

05. Februar

Denkimpuls: Manchmal denkt, fühlt oder handelt der Partner anders als man selbst oder als man es sich wünscht. Das ist nicht so, weil er kein guter Partner sein will, sondern weil er ein anderer, eigenständiger Mensch ist, der nichts anderes tut, als das, was wir selbst auch tun. Nämlich: das Leben nach eigenen natürlichen und erlernten Bedürfnissen, Stärken und Schwächen zu gestalten. Dahinter steckt keine schlechte Absicht!

(Lassen Sie diesen Denkimpuls einfach auf sich wirken!)

06. Februar

Denkimpuls: Zuverlässigkeit ist ein Grundpfeiler in jeder glücklichen Beziehung. Jeder kann mal etwas vergessen. Es ist sicher falsch, einen Menschen wegen solcher Einzelfälle gleich als unzuverlässig einzustufen. Aber auch ein wirklich unzuverlässiger Partner muss nicht aus böser Absicht oder Desinteresse handeln. Vielleicht ist es einfach nur ein Aspekt seiner psychologischen Struktur. Er ist einfach ein bisschen vergesslich oder verpeilt. Es kann jedoch durchaus auch wirklich ein Zeichen von Desinteresse sein!

Aber ganz egal, ob jemand nun aus reiner Vergesslichkeit oder aus Desinteresse nicht zuverlässig ist, der Partner fühlt sich in der Regel dadurch übergangen, übersehen, vergessen und nicht beachtet. Falls auf das Wort des Partners häufig kein Verlass ist, lohnt es, sich darüber Gedanken zu machen, ob es einfach in seiner Natur liegt, so zu sein, oder ob wirklich Desinteresse dahinter steckt!? In den meisten Fällen liegt es nicht am fehlenden Interesse!

(Lassen Sie diesen Denkimpuls einfach auf sich wirken!)

07. Februar

Denkimpuls: Schon ein paar ganz wenige Worte der Anerkennung und kleinste Gesten der Zuneigung wirken wahre Wunder in jeder Partnerschaft.

(Lassen Sie diesen Denkimpuls einfach auf sich wirken!)

08. Februar

Denkimpuls: Grundlegend für eine glückliche Beziehung ist eine einander wertschätzende Kommunikation! Um wertschätzend miteinander zu kommunizieren, bedarf es keiner besonderen Technik, sondern viel mehr einer achtsamen, respektvollen Grundhaltung. Man sollte zutiefst verstehen, dass zwei Menschen, die Differenzen miteinander zu klären haben, beide gleichermaßen dazu berechtigt sind, ihre eigene Meinung zu besitzen. Die eigene Meinung ist für einen selbst genauso wichtig, berechtigt und wahr, wie die Meinung des anderen für ihn wichtig, berechtigt und wahr ist. Mit dem Partner darüber zu streiten, wer Recht hat oder die berechtigtere, bessere oder ehrenwertere Sicht vertritt, ist ein Zeichen für einen Mangel an Respekt, Wertschätzung und Gleichberechtigung. Ist uns das beiden klar? Haben wir eine achtsame, respektvolle Grundhaltung, wenn wir miteinander kommunizieren?

(Lassen Sie diesen Denkimpuls einfach auf sich wirken!)

09. Februar

Denkimpuls: Den anderen wegen seines Denkens, Fühlens oder Handelns auszulachen oder anderweitig zu beschämen, wirkt sich negativ auf jede Beziehung aus!

(Lassen Sie diesen Denkimpuls einfach auf sich wirken!)

10. Februar

Übung zur Beziehungspflege: Rituale und Gesten können wichtige Grundpfeiler in glücklichen Beziehungen sein. Um eine gewisse Regelmäßigkeit und Beständigkeit von Abläufen, Gewohnheiten und Unternehmungen zu fördern, kann es sinnvoll sein, feste Rituale einzurichten bzw. gewisse Gesten zu pflegen.

Machen Sie beide sich darüber einmal Gedanken, welche Rituale und Gesten Ihrer Beziehung guttun könnten! Beispielsweise: morgens einen Begrüßungs- oder abends einen Gute-Nacht-Kuss; einmal im Monat eine Einladung an Freunde aussprechen und gemeinsam Zeit mit ihnen verbringen; einmal wöchentlich eine Unternehmung zu zweit oder mit der ganzen Familie; jeden Donnerstagabend Zeit für sich allein; jeden Abend sich oder den Kindern etwas vorlesen; einmal wöchentlich eine Beziehungs-Sprechstunde durchführen oder, oder, oder...

(Nehmen Sie sich ein wenig Zeit und sprechen Sie darüber! Treffen Sie gemeinsam Ihre Entscheidungen!)

11. Februar

Denkimpuls: Eine erfüllte Partnerschaft stellt in der Regel für fast alle Menschen die größte Sehnsucht dar. Einerseits stellen wir uns dieses Ideal alle so vor, dass unser Partner uns so akzeptiert und liebt, wie wir sind. Andererseits wünschen wir uns alle einen Partner, der so ist, wie wir es uns vorstellen. Beide Wünsche passen in der Regel jedoch nicht zusammen. Für eine glückliche, gesunde Paarbeziehung ist es daher sehr förderlich und heilsam, wenn sich jeder darüber bewusst ist, dass die Ansprüche und Erwartungen, die wir an den Partner haben, häufig viel zu hoch, naiv und unrealistisch sind.

(Lassen Sie diesen Denkimpuls einfach auf sich wirken!)

12. Februar

Übung zur Beziehungspflege: Wer viel mehr Zeit mit Menschen verbringt, die gar nicht wirklich anwesend sind, als mit dem Partner, muss sich nicht wundern, wenn sich das negativ auf die Beziehung auswirkt. Verbringen wir mehr Zeit aktiv mit Social-Media wie z.B. Facebook, Instagram etc. als wir aktiv mit unserem Partner verbringen? Nein? Dann wertschätzen Sie das bitte! Ja? Dann fragen Sie beide sich doch mal gegenseitig, wie Sie das finden!?

(Nehmen Sie sich etwas Zeit und sprechen Sie gemeinsam darüber! Überlegen Sie, ob und was Sie ändern möchten!?)

13. Februar

Übung zur Beziehungspflege: Was können wir heute einmal anders machen als gewohnt, oder anders gesagt, wie können wir ein bisschen Abwechslung in unsere Alltagsroutine bringen? Je nachdem, wie viel Zeit wir heute zur Verfügung haben, darf es auch ruhig nur eine Kleinigkeit sein, wie etwa anstatt wie gewohnt am Nachmittag einen Kaffee zu trinken, kochen wir uns einmal einen Tee. Oder wir haben Zeit für eine größere Abwechslung, wie beispielsweise anstatt wir uns am Abend vor den Fernseher setzen, gehen wir gemeinsam aus etc.

(Nehmen Sie sich ein wenig Zeit, um sich ein paar Gedanken darüber zu machen und treffen Sie Ihre Entscheidung!)

14. Februar

Denkimpuls: Einander Raum für eigene Bedürfnisse und Wünsche zuzugestehen, wirkt sich positiv auf jede Beziehung aus!

(Lassen Sie diesen Denkimpuls einfach auf sich wirken!)

15. Februar

Übung zur Beziehungspflege: Alle Gemeinsamkeiten verbinden. Welche Gemeinsamkeiten (Bedürfnisse, Ziele, Wünsche, Interessen, Hobbies etc.) haben Sie beide?

(Nehmen Sie sich heute oder in den nächsten Tagen etwas Zeit und sprechen Sie gemeinsam ausführlich darüber!)

16. Februar

Übung zur Beziehungspflege: Was können wir heute Schönes / Verbindendes / Bereicherndes / Liebevolles miteinander unternehmen? Je nachdem wie viel Zeit wir heute haben, können wir etwas ganz Kleines unternehmen, wie etwa am Abend vor dem Zu-Bett-Gehen erst noch einmal zehn Minuten kuscheln, am Mittag in Ruhe einen Kaffee zusammen trinken, oder etwas Größeres, wie z.B. am Abend ins Kino gehen oder sich mit Freunden treffen!

(Selbst wenn Sie heute nur drei Minuten Zeit für eine Gemeinsamkeit finden sollten, fällt Ihnen sicher etwas ein!)

17. Februar

Denkimpuls: Wir sollten unseren Partner nicht respektlos kritisieren. Tun wir es doch, legen wir damit Zeugnis ab, dass wir ihn nicht als gleichberechtigt und gleichwertig anerkennen. Wir schätzen ihn dann stattdessen gering.

Geringschätzung ist das Gift, mit dem man jede Beziehung zerstören kann!

(Lassen Sie diesen Denkimpuls einfach auf sich wirken!)

43

18. Februar

Denkimpuls: Ich weiß, dass du dich nicht geliebt fühlen kannst, wenn ich dein Denken, Fühlen oder Handeln geringschätze!

(Lassen Sie diesen Denkimpuls einfach auf sich wirken!)

19. Februar

Denkimpuls: Offen und ehrlich auszusprechen, wer wir sind, was gerade in uns ist, woran wir gerade leiden, was uns aktuell bewegt, was wir uns wünschen, wofür wir uns interessieren, welche Fehler wir gemacht haben, wie wir denken, fühlen und handeln, bedeutet aufrichtig zu sein. Ja, wenn wir unsere Wahrheit aussprechen, sind wir ehrlich.

Leider wird Ehrlichkeit vom Partner häufig nur dann als etwas Wertvolles anerkannt, wenn sie für ihn erfreulich ist. Ist sie das nicht, wird man für die offen und ehrlich mitgeteilte Wahrheit kritisiert. Schlimmstenfalls wird man dafür beschuldigt, abgelehnt, angebrüllt etc. und paradoxerweise sogar als unehrlich, unehrenhaft und charakterschwach wahrgenommen und beschimpft.

(Lassen Sie diesen Denkimpuls einfach auf sich wirken!)

20. Februar

Bindungsbarometer: Auf einer Skala von 1 bis 10 (1 = sehr schwach, 10 = sehr stark), wie sehr fühlen wir uns aktuell miteinander verbunden bzw. in Kontakt? Ist das Bedürfnis nach Bindung bzw. Verbindung restlos erfüllt? Wenn nein, was können wir tun, damit wir uns verbundener fühlen?

(Nehmen Sie sich ein wenig Zeit und sprechen Sie gemeinsam darüber!)

44

21. Februar

Übung zur Beziehungspflege: Haben Sie Ihre Vorhaben und Ziele, die Sie sich für das neue Jahr vorgenommen haben noch im Blick? Also denken Sie noch an das, was Sie sich für dieses Jahr an Veränderung gewünscht haben? Zur Unterstützung und Erinnerung hier noch ein paar Punkte, mit denen Sie Ihre Vorhaben noch einmal in Erinnerung rufen! Wenn Sie an diese nicht bereits selbst gedacht haben, könnten folgende Aspekte Ihre Überlegungen vielleicht noch ergänzen:

Mehr für die Gesundheit tun, wie etwa sich sportlich betätigen, sich besser ernähren, für mehr Entspannung sorgen, mit dem Rauchen aufhören, etwas Gewicht abnehmen, Vorsorgetermine bei Ärzten vereinbaren etc. Oder für berufliche Veränderung sorgen, Weiterbildung machen, weniger Arbeiten, mehr Zeit mit dem Partner oder der Familie verbringen, mehr Zeit für sich allein haben, sich neu einkleiden, vermehrt auf Körperpflege achten, gemeinsamen Urlaub planen, sich weniger streiten, sich mit mehr Respekt und Wertschätzung begegnen, die Wohnung bzw. das Haus verschönern (es sich schön machen), Verpflichtungen, Stress oder Belastungen verringern, Steuererklärung nicht auf die lange Bank schieben, Zaun streichen, die Eltern öfter mal anrufen und besuchen etc.

(Nehmen Sie sich etwas Zeit und überlegen Sie, was Sie diesbezüglich tun möchten. Was möchten Sie beide für sich gemeinsam Neues planen? Was jeder Einzelne von Ihnen beiden für sich selbst? Notieren Sie sich Ihre Gedanken und Ziele auf einem Blatt Papier und lassen Sie sich etwas einfallen, wie Sie Ihre Überlegungen und Ziele nicht wieder aus den Augen verlieren! Bewahren Sie Ihre Notizen gut auf und nehmen Sie sie immer wieder mal zur Hand!)

22. Februar

Übung zur Beziehungspflege: Für die Stabilisierung einer Beziehung ist es sehr heilsam, wenn sich beide an der Beziehung Beteiligten immer wieder fragen, ob sie in ihrer Beziehung genügend Bereitschaft besitzen und Interesse aufbringen, um das gemeinsame WIR bzw. das gemeinsame WIR-Gefühl zu entwickeln und zu pflegen.

Woran erkennen wir selbst, ob es zwischen uns ein intaktes gemeinsames WIR gibt? Woran erkennen andere, ob zwischen uns beiden ein WIR-Gefühl existiert? Wie können wir unser gemeinsames WIR intensivieren bzw. weiterhin pflegen?

(Nehmen Sie sich ein wenig Zeit, machen Sie sich Gedanken zu diesen Fragen und sammeln Sie gemeinsam Ideen dazu!)

23. Februar

Übung zur Beziehungspflege: Worüber denke ich nach, wenn ich nicht schlafen kann? Worüber denkst du nach, wenn du nicht schlafen kannst?

(Verbringen Sie ein wenig Zeit zusammen und teilen Sie einander Ihre Gedanken dazu mit! Hören Sie sich einfach nur interessiert zu! Diskutieren Sie nicht! Kritisieren Sie einander nicht! Korrigieren Sie Ihren Partner nicht! Lassen Sie dann einfach alles auf sich wirken!)

24. Februar

Übung zur Beziehungspflege: Welchen gemeinsamen Schatz möchten wir heute unserer Beziehungs-Schatzkiste hinzufügen? (Siehe „Die Beziehungs-Schatzkiste" Seite 22)

46

25. Februar

Übung zur Beziehungspflege: Was möchten wir dieses Jahr an den Ostertagen machen? Woran hätten wir beide Freude? Was würde unserer Beziehung gut tun? Ostern ist ein besonderer Zeitpunkt. Er bietet Gelegenheit, gebührend zu feiern.

Für eine glückliche Beziehung ist es heilsam, wenn man besondere Gelegenheiten dafür nutzt, um mit dem Partner, der Familie und gemeinsamen Freunden zusammen zu sein! Solche Begebenheiten können zu wahren Schätzen der Beziehung werden, die einander verbinden und an die man sich noch nach Jahren gerne erinnert!

(Nehmen Sie sich ein wenig Zeit und besprechen Sie sich miteinander! Wenn Sie sich gerade noch nicht festlegen können oder möchten, vereinbaren Sie schon jetzt, wann Sie sich diesbezüglich noch einmal austauschen wollen!)

26. Februar

Übung zur Beziehungspflege: Rituale, die in einer Beziehung fest integriert sind, können das Gefühl von Vertrautheit, Nähe, Verbundenheit und Anerkennung sehr positiv beeinflussen! Ein besonders wirksames Ritual ist ein Dankbarkeitsritual. Das kann z.B. wie folgt aussehen: Beide Partner sagen sich 1 x täglich oder in einem Turnus ihrer Wahl, wofür sie dem jeweils anderen dankbar sind! Nicht jedem fällt es leicht, so etwas auszusprechen. Manchem fällt es leichter, etwas aufzuschreiben! Das könnte dann wie folgt aussehen: Jeder steckt dem Partner im vereinbarten Turnus einen Zettel zu, auf dem steht, wofür man ihm dankbar ist!

(Überlegen Sie beide: Möchten Sie dieses Ritual fest in Ihre Beziehung integrieren oder es nur heute durchführen?)

27. Februar

Denkimpuls: Grundlegend für unser gemeinsames Glück ist, dass wir respektvoll, anerkennend und wertschätzend miteinander umgehen. Jeder von uns hat eigene Bedürfnisse, Meinungen, Gefühle, Befindlichkeiten, Interessen, Werte, Wünsche, Begehren, Ängste, Fähigkeiten, Unfähigkeiten, Prägungen, Neigungen, Talente, Eigenschaften, Prioritäten, Stärken, Schwächen, Verletzbarkeiten, Defizite etc. Meine sind für mich genauso bedeutend und zu mir gehörend, wie deine für dich bedeutend und zu dir gehörend sind! Wir möchten so, wie wir sind, respektiert, anerkannt und wertgeschätzt werden. Nur dann können wir uns vom anderen geliebt fühlen. Ist uns das beiden klar? Ist es uns beiden wirklich wichtig, uns gegenseitig das Gefühl zu geben, vom jeweils anderen als der Mensch respektiert, anerkannt und wertgeschätzt zu werden, der wir sind? Oder sind wir stattdessen bemüht, dem jeweils anderen das Gefühl zu vermitteln, so wie er ist, sei er nicht okay und er müsse sich ändern und so werden, wie wir ihn haben wollen?

(Lassen Sie diesen Denkimpuls einfach auf sich wirken)

28./29. Februar

Monatsrückblick: Haben wir diesen Monat jeden Tag konsequent unseren Paarkalender zur Hand genommen oder zumindest versäumte Tage nachgearbeitet? Haben sich die Denkimpulse und Übungen in irgendeiner Form auf mein/dein/unser Denken, Fühlen und Handeln ausgewirkt? Welche Erkenntnisse haben wir gewonnen? Hat sich die Qualität unserer Beziehung in irgendeiner Form verändert?

(Nehmen Sie sich ein wenig Zeit und sprechen Sie gemeinsam darüber!)

48

M ä r z

01. März

Denkimpuls: Sich gegenüber dem Partner zu erhöhen bzw. sich als den Besseren, Richtigeren, Wahreren, Berechtigteren, Gerechteren etc. darzustellen, wirkt sich negativ auf jede Beziehung aus!

(Lassen Sie diesen Denkimpuls einfach auf sich wirken!)

02. März

Übung zur Beziehungspflege: Was ist das Aufregendste, das ich mit dir gemeinsam erlebt habe? Was ist das Aufregendste, das du gemeinsam mit mir erlebt hast?

(Verbringen Sie ein wenig Zeit zusammen und teilen Sie einander Ihre Gedanken dazu mit!)

03. März

Denkimpuls: Empathie (Einfühlungsvermögen) ist ein wichtiges, sich wechselseitig bedingendes, menschliches Grundbedürfnis. Für eine glückliche Beziehung stellt es einen wichtigen Basisbaustein dar!

Jeder Mensch wünscht sich, als der Mensch, der er ist, nachvollzogen zu werden. Haben wir keine Empathie / kein Mitgefühl für die Stärken und Schwächen unseres Partners, wird er sich mit der Zeit immer weniger verstanden, gesehen und geliebt fühlen. Zweisamkeit, Harmonie und Liebe können darunter nur leiden!

(Lassen Sie diesen Denkimpuls einfach auf sich wirken!)

04. März

Übung zur Beziehungspflege: Welche Freunde oder Verwandte können wir heute oder in den nächsten Tagen einmal wieder besuchen oder zu uns einladen? Was können wir dann mit ihnen gemeinsam machen? Essen, Spieleabend, Filmabend oder was fällt uns dazu ein?

(Nehmen Sie sich ein wenig Zeit, sprechen Sie gemeinsam darüber, treffen Sie eine Entscheidung und werden Sie aktiv!)

05. März

Denkimpuls: Wir haben häufig hohe Ansprüche an unseren Partner. Viel weniger ist uns hingegen bewusst, dass wir dann auch fairerweise gleichermaßen viel geben müssten. Stattdessen denken wir irrtümlich, wir seien so besonders, dass der Partner doch mit uns mehr als zufrieden sein kann. Schließlich halten wir uns selbst ja für gerecht, ehrbar, korrekt, fair und wertvoll! Unsere an den Partner gestellten Ansprüche halten wir zudem für absolut richtig, berechtigt, fair, ehrenwert und selbstverständlich! Tatsächlich sind sie das aber in weiten Teilen nur aus unserer eigenen Sicht!

(Lassen Sie diesen Denkimpuls einfach auf sich wirken!)

06. März

Denkimpuls: Geliebt und glücklich fühlen wir uns dann, wenn unser Partner uns innerhalb des Rahmens unserer Beziehung den Raum zugesteht, den wir brauchen, um uns frei entfalten und entwickeln zu können. Andernfalls fühlen wir uns in seiner Anwesenheit blockiert bzw. an unserem Leben gehindert!

(Lassen Sie diesen Denkimpuls einfach auf sich wirken!)

07. März

Denkimpuls: Gibt es Situation, in denen Sie das Denken, Fühlen und Handeln Ihres Partners nicht nachvollziehen können und sich daraufhin ein negatives Urteil über ihn erlauben? Neigen Sie dazu, Ihren Partner zu kritisieren, wenn er etwas sagt, denkt, fühlt oder tut, was Ihnen nicht gefällt? Ist Ihnen klar, dass niemand sich durch solche Geringschätzungen geachtet und geliebt fühlen kann?

(Lassen Sie diesen Denkimpuls einfach auf sich wirken!)

08. März

Denkimpuls: Offenheit und Ehrlichkeit sind zwei wichtige Grundpfeiler in glücklichen Beziehungen. Dazu ein paar Gedanken eines glücklichen Paares:

„Wir wünschen uns beide, dass Ehrlichkeit und Offenheit wichtige Säulen unserer Beziehung sind. Wir wissen aber auch, dass niemand immer nur ehrlich sein kann. Manchmal ist es rücksichtslos, die Wahrheit zu sagen. In den wesentlichen Punkten unseres Zusammenlebens wünschen wir uns jedoch absolute Aufrichtigkeit. Wenn es um Belanglosigkeiten geht, können wir auch mal aus Rücksicht oder weil es einem vielleicht unangenehm wäre, schweigen. Zum Lügen sollten wir uns aber zu keiner Zeit aufgefordert fühlen müssen. Am Ende sollten wir immer die Gewissheit in uns spüren, dem anderen gegenüber offen und ehrlich sein zu können. Wenn die Wahrheit auch einmal unerfreulich oder schmerzhaft für den Partner sein sollte, so wissen wir, dass wir uns gegenseitig für die offen und ehrlich ausgesprochene Wahrheit nicht schuldig sprechen. Egal was auch passiert."

(Lassen Sie diesen Denkimpuls einfach auf sich wirken!)

51

09. März

Denkimpuls: Wegen unterschiedlicher Meinungen und Interessen ist es unvermeidlich, dass es in einer Beziehung auch mal zu Streitigkeiten kommt. Nicht immer ist man dann gerade so ausgeglichen, dass es gelingt, in einem guten Tonfall, sachlich und einander zugewandt darüber zu reden. Es kann durchaus auch schon mal etwas heftiger zugehen.

Das sollte eine stabile Beziehung nicht wirklich erschüttern. Es ist aber immer gut, wenn beiden klar ist, dass am Ende eine Lösung gefunden werden sollte, die von beiden auf Dauer akzeptiert werden kann. Andernfalls gerät man wegen der gleichen Angelegenheit immer wieder neu in Streit. Das ist absolut unnötig, überflüssig und schadet der Beziehung ganz enorm. Doch was sind dauerhafte Lösungen?

Möglichkeit 1: Man findet einen Kompromiss, für den beide wirklich bereit sind und den man auf Dauer oder zumindest längerfristig akzeptiert.

Möglichkeit 2: Man findet keinen Kompromiss, weil keiner von beiden von seinem Standpunkt abweichen will. Es ist dann wichtig, zu akzeptieren, dass es so ist wie es ist. Der eine will dies, der andere das. Das ist ganz normal und kann daher vorkommen. Es ist so und es wird vermutlich auch so bleiben. Ein erneutes Thematisieren würde von Mal zu Mal immer nervenaufreibender werden. Die Beziehung leidet dann immer mehr und mehr darunter, obwohl es immer nur um dasselbe Thema geht, zu dem jeder seine Meinung hat. Es reicht also völlig aus, sich einmal darüber zu streiten. Jedes weitere Mal ist vergeudete Energie und Zeit!

(Lassen Sie diesen Denkimpuls einfach auf sich wirken!)

10. März

Denkimpuls: Dem anderen nicht böse zu sein, wenn er auf eine Bitte nicht eingehen kann oder mag, sondern ihn dann in seiner Entscheidung zu respektieren, ist ein Zeichen von sozialer Kompetenz! Dies wirkt sich positiv auf jede Beziehung aus!

(Lassen Sie diesen Denkimpuls einfach auf sich wirken!)

11. März

Übung zur Beziehungspflege: Was können wir heute Gutes für unsere Zweisamkeit tun? Es kann etwas ganz Kleines sein, wie beispielsweise, dass wir uns ein wenig Zeit nehmen, um am Abend zusammen ein Glas Wein zu trinken. Oder wir haben heute etwas mehr Zeit und wir gehen z.B. gemeinsam aus oder was auch immer uns dazu einfällt und auf was wir beide uns einigen können.

(Nehmen Sie sich ein paar Minuten Zeit! Machen Sie sich gemeinsam Gedanken darüber und treffen Sie eine Entscheidung!)

12. März

Übung zur Beziehungspflege: Was wünsche ich mir, um künftig glücklicher zu sein? Was wünschst du dir, um künftig glücklicher zu sein? Alle Wünsche sind erlaubt, außer Wünsche, die dadurch zu erfüllen sind, dass der eine sich für den anderen verändern soll!

(Verbringen Sie ein wenig Zeit zusammen und teilen Sie einander Ihre Gedanken dazu mit! Hören Sie sich einfach nur interessiert zu! Diskutieren Sie nicht! Korrigieren Sie Ihren Partner nicht! Lassen Sie dann einfach alles auf sich wirken!)

13. März

Denkimpuls: „Wenn du auf mein Bedürfnis nicht eingehst, dann liebst du mich nicht!" Solch eine Aussage ist ein Irrtum, dem ein Mangel an Respekt, Empathie und Verständnis zugrunde liegt. Nur ein interessierter, gleichberechtigter Umgang miteinander, macht es möglich, solchen Fehlinterpretationen auf die Schliche zu kommen. Wer solche undifferenzierten Annahmen nicht entlarvt, hat es schwer, eine Beziehung zu pflegen, die von Respekt, Wertschätzung und Liebe getragen wird. Wenn der eine ein anderes Bedürfnis hat, als der andere, hat das nichts damit zu tun, wie sehr er den anderen liebt oder nicht liebt. Es ist ganz natürlich, dass Menschen unterschiedliche Befindlichkeiten, Interessen, Vorstellungen, Prioritäten etc. haben.

(Lassen Sie diesen Denkimpuls einfach auf sich wirken!)

14. März

Übung zur Beziehungspflege: Was gefällt mir an dir? Was liebe ich an dir? Das kann etwas ganz Alltägliches oder einfach nur Menschliches sein, wie etwa „Mir gefällt an dir, dass du so schöne Augen hast!" „Mir gefällt an dir, dass du so ein herzlicher Mensch bist!" „Ich liebe die Art, wie du läufst, lachst, mit anderen Menschen umgehst!" etc.

Es kann grundsätzlich alles benannt werden, was der Wahrheit entspricht! Es geht nicht um die Aufzählung möglichst vieler Aspekte, die Sie aneinander mögen oder lieben. Nennen Sie nur eine einzige Sache. Es muss auch nicht wie aus der Pistole geschossen aus Ihnen herausplatzen.

(Nehmen Sie sich für diese Übung kurz Zeit! Wenn Sie möchten, können Sie diese auch zu einem regelmäßigen Ritual werden lassen. Machen Sie die Übung dann beispielsweise 1 x täglich oder 1 x wöchentlich immer zur gleichen Zeit oder in welchem Rhythmus Sie es möchten!)

15. März

Denkimpuls: Grundlegend für eine glückliche Beziehung ist eine einander wertschätzende Kommunikation! Jeder glaubt, seine Sicht sei richtig und gerechtfertigt. In der wertschätzenden Kommunikation geht es darum, ein Bewusstsein für die „Brille" zu schaffen. Ein Bewusstsein dafür, dass jeder Mensch durch seine eigene Wahrnehmungsbrille denkt, fühlt und handelt. Ein Bewusstsein dafür, dass die Brille eines anderen für ihn genauso bedeutsam und berechtigt scheint, wie unsere eigene Brille für uns selbst auch. Zwei Menschen, die in einer glücklichen Beziehung zusammenleben, respektieren die Brille des jeweils anderen!

(Lassen Sie diesen Denkimpuls einfach auf sich wirken!)

16. März

Denkimpuls: Wenn Paare miteinander streiten, kann es mitunter ziemlich verletzend zugehen. Doch keiner von beiden hat in Wahrheit ein Interesse daran, dem anderen wehzutun. Wir alle handeln immer aufgrund positiver Beweggründe. Wir möchten im Grunde doch nur unsere menschlichen Bedürfnisse erfüllen. Mit einem Streit – egal wie respektlos er ist – wollen wir letztlich etwas Positives erreichen. Würde es gelingen, den Partner zu überzeugen, dann ginge es uns in der Paarbeziehung schließlich besser. Mindestens ein menschliches Bedürfnis würde dabei erfüllt werden. Nur vergessen beide an einer Beziehung Beteiligten häufig, dass ein respektloser Streit immer auf einen Mangel an Wertschätzung, Anerkennung, Respekt, Gleichberechtigung etc. zurückzuführen ist und es viel sozialer, nutzbringender und beziehungserhaltender wäre, sich auf respektvollere Weise über die unterschiedlichen Positionen zu unterhalten.

(Lassen Sie diesen Denkimpuls einfach auf sich wirken!)

17. März

Übung zur Beziehungspflege: Welchen gemeinsamen Schatz möchten wir heute unserer Beziehungs-Schatzkiste hinzufügen? (Siehe „Die Beziehungs-Schatzkiste" Seite 22)

18. März

Denkimpuls: Vergebung bringt Heilung! Jeder kann mal etwas falsch machen! Man kann sich glücklich schätzen, wenn man dann einen Partner hat, der dafür Verständnis aufbringen kann und in der Lage ist, Fehler zu verzeihen. Vergebung sollte jedoch von Herzen kommen. Andernfalls schmiert man die angeblich verziehene Sache dem anderen bei der nächsten Gelegenheit wieder aufs Brot! Verzeihen heißt, es ehrlich zu meinen und es auch tatsächlich zu tun!

(Lassen Sie diesen Denkimpuls einfach auf sich wirken!)

19. März

Denkimpuls: Vertrauen sollten Sie nicht daran messen, ob Ihr Partner keine Fehler macht, sondern viel mehr daran, ob er so viel Vertrauen zu Ihnen hat, dass er – egal was auch geschieht – Ihnen seine Fehler anvertraut.

(Lassen Sie diesen Denkimpuls einfach auf sich wirken!)

20. März

Denkimpuls: Da ich andere natürliche Bedürfnisse und biografische Lernerfahrungen habe als du, ist es ganz natürlich, dass wir nicht immer alles genauso sehen, fühlen und tun wie der jeweils andere. Das nicht zu respektieren oder gar deswegen zu streiten, würde unserer Beziehung schaden.

(Lassen Sie diesen Denkimpuls einfach auf sich wirken!)

21. März

Denkimpuls: Die Basis einer unglücklichen Beziehung ist ein Mangel an Wertschätzung, Anerkennung, Respekt, Empathie, Gleichberechtigung, Interesse etc.

(Lassen Sie diesen Denkimpuls einfach auf sich wirken!)

22. März

Denkimpuls: Für die Harmonie, Zweisamkeit und Liebe in einer Beziehung ist es sehr heilsam, wenn sich beide an der Beziehung Beteiligten immer wieder fragen, ob sie ihrem Partner mit genügend Gleichberechtigung begegnen.

(Lassen Sie diesen Denkimpuls einfach auf sich wirken!)

23. März

Denkimpuls: Sich in der Öffentlichkeit als Paar zu zeigen (Gesten der Zuneigung wie Händchenhalten, sich mal einen Kuss geben, mit anderen über das gemeinsame Glück sprechen etc.), wirkt sich positiv auf eine Beziehung aus!

(Lassen Sie diesen Denkimpuls einfach auf sich wirken!)

24. März

Übung zur Beziehungspflege: Können wir uns heute oder in den nächsten Tagen einen Handyfreien Tag gönnen, an dem wir nur für uns sind – für niemanden erreichbar?

(Nehmen Sie sich einen Moment Zeit und spüren Sie einmal in sich hinein, ob diese Idee zu Ihnen passt! Treffen Sie dann gemeinsam eine Entscheidung!)

25. März

Denkimpuls: Der Kern fast aller Beziehungsprobleme ist Geringschätzung – also ein Mangel an Respekt, Empathie, Anerkennung, Akzeptanz, Wertschätzung und anderen sich wechselseitig bedingenden menschlichen Bedürfnissen. Versuchen Sie deshalb Ihr Bestes zu geben, um Geringschätzungen in Ihrer Beziehung zu vermeiden!

(Lassen Sie diesen Denkimpuls einfach auf sich wirken!)

26. März

Übung zur Beziehungspflege: Welche Freunde von mir, dir oder uns beiden würden sich freuen, wenn wir uns heute oder dieser Tage mal wieder bei ihnen melden – vielleicht sogar fragen, ob sie Lust haben, mal wieder etwas gemeinsam mit uns zu unternehmen?

(Nehmen Sie sich ein wenig Zeit und entscheiden Sie gemeinsam, wen Sie kontaktieren möchten!)

27. März

Denkimpuls: Ich weiß, dass du dich nicht geliebt fühlen kannst, wenn ich dich kritisiere, manipuliere, bevormunde, beschuldige etc.

(Lassen Sie diesen Denkimpuls einfach auf sich wirken!)

28. März

Übung zur Beziehungspflege: Blättern Sie zur Seite 12 zurück! Lesen Sie dort den Beitrag: „Von der Basis einer problembehafteten Beziehung"!

(Lassen Sie das Gelesene dann einfach auf sich wirken!)

58

29. März

Übung zur Beziehungspflege: Gemeinsam mit dem Partner Zeit zu verbringen, beeinflusst das Gefühl von Nähe, Vertrautheit, Verbundenheit und Glück sehr positiv. Es ist daher für jede Beziehung gut, wenn sich das Paar ein vielseitiges Repertoire an Freizeitaktivitäten vorhält! Haben Sie ein Repertoire? Lässt sich das vielleicht noch erweitern?

Eine hilfreiche Übung dazu ist folgende: Erstellen Sie eine Liste, auf der Sie alle Freizeitaktivitäten, die Ihnen einfallen notieren. Unterteilen Sie die Liste in zwei Spalten. Die Überschrift der ersten Spalte lautet: Passive Freizeitgestaltungsmöglichkeiten! Bei diesen steht das reine Konsumieren im Vordergrund, wie z.B.: Eis essen gehen, Essen gehen, ins Kino gehen, ins Theater gehen, Kaffee trinken gehen etc. Die Überschrift der zweiten Spalte lautet: Aktive Freizeitgestaltungsmöglichkeiten! Bei diesen geht es nicht oder nicht nur darum etwas zu konsumieren, sondern mehr darum, selbst aktiv etwas zu tun: z.B.: Kreative Betätigungen wie z.B. Zeichnen, Malen, Tanzen, Singen, Basteln, Werken etc. Aber auch Wandern, Sport, in ein Museum gehen, in den Zoo gehen, ins Schwimmbad gehen, mit Freunden etwas feiern etc. Es lohnt sich, solch eine Liste anzufertigen, aufzubewahren und immer wieder mal mit neuen Ideen zu ergänzen! Und vor allem: sie auch in die Tat umzusetzen!

(Nehmen Sie sich etwas Zeit und sammeln Sie Ihre Ideen!)

30. März

Denkimpuls: Den anderen in Gegenwart anderer gut und liebevoll zu behandeln, wirkt sich ganz besonders positiv auf jede Beziehung aus!

(Lassen Sie diesen Denkimpuls einfach auf sich wirken!)

31. März

Monatsrückblick: Haben wir diesen Monat jeden Tag konsequent unseren Paarkalender zur Hand genommen oder zumindest versäumte Tage nachgearbeitet? Haben sich die Denkimpulse und Übungen in irgendeiner Form auf mein/dein/unser Denken, Fühlen und Handeln ausgewirkt? Welche Erkenntnisse haben wir gewonnen? Hat sich die Qualität unserer Beziehung in irgendeiner Form verändert?

(Nehmen Sie sich ein wenig Zeit und sprechen Sie gemeinsam darüber!)

April

01. April

Denkimpuls: Ich sehe und bewerte die Welt durch meine eigene Brille (aus meiner eigenen Perspektive). Du siehst und bewertest die Welt durch deine eigene Brille (aus deiner eigenen Perspektive). Ich denke, fühle und handele so, wie ich es kann und es mir, meinen Möglichkeiten und Befindlichkeiten entspricht. Du denkst, fühlst und handelst so, wie du es kannst und es dir, deinen Möglichkeiten und Befindlichkeiten entspricht. Das ist ganz natürlich und nicht zu vermeiden! Unsere beiden Perspektiven sind gleichwertig, gleichrangig, gleichberechtigt etc.!

(Lassen Sie diesen Denkimpuls einfach auf sich wirken!)

02. April

Denkimpuls: Mit dem anderen in einem respektlosen, lauten, aggressiven oder lieblosen Tonfall zu sprechen, wirkt sich negativ auf jede Beziehung aus!

(Lassen Sie diesen Denkimpuls einfach auf sich wirken!)

60

03. April

Übung zur Beziehungspflege: Gibt es ein Buch, das wir einmal gemeinsam lesen können? Oder gibt es einen Film den wir einmal zusammen anschauen möchten? Oder gibt es eine CD, die wir uns mal in Ruhe anhören wollen oder sonst etwas, das wir gemeinsam tun könnten? Können wir das gleich heute angehen oder erst in den nächsten Tagen?

(Machen Sie sich gemeinsam darüber Gedanken und treffen Sie eine Entscheidung!)

04. April

Denkimpuls: Die Natur hat jeden einzelnen Menschen mit eigenen Bedürfnissen und Interessen ausgestattet. Eine wichtige Grundlage für eine glückliche Beziehung ist, dass wir einen Partner finden, der uns nicht das Gefühl vermittelt, unsere Bedürfnisse und Interessen seien falsch, dumm, minderwertig etc. Wir können nur dann glücklich sein, wenn wir der Mensch sein können, der wir von Natur aus und aufgrund unserer Lernerfahrungen sind und sein möchten. Werden wir für das, was wir sind und sein wollen kritisiert, beschuldigt, zurechtgewiesen etc. fühlen wir uns in der Gegenwart des Partners unwohl, blockiert, eingeengt, unglücklich und ungeliebt.

(Lassen Sie diesen Denkimpuls einfach auf sich wirken!)

05. April

Übung zur Beziehungspflege: Was können wir heute einmal Lustiges tun? Was könnte uns zum Lachen bringen oder uns einfach nur Freude bereiten?

(Machen Sie sich gemeinsam darüber Gedanken und treffen Sie eine Entscheidung!)

06. April

Denkimpuls: Die Fähigkeit zweier Liebenden, die unterschiedlichen Bedürfnisse nach Nähe und Distanz wechselseitig zu respektieren, ist ein wichtiger Grundpfeiler in glücklichen Beziehungen. Dazu ein paar Gedanken eines glücklichen Paares:

„Wir beide wünschen uns in unserer Beziehung manchmal Nähe und manchmal brauchen wir auch etwas Distanz. Mal möchten wir gemeinsame Zeit mit dem Partner verbringen. Mal möchten wir alleine sein oder mit Freunden etwas unternehmen. Das ist ganz normal! Keiner kann sich aussuchen, wann er Nähe braucht und wann Distanz. Man kann nur in sich hineinspüren und feststellen, was man gerade braucht. Es ist für unsere Beziehung sehr heilsam, wenn wir das Bedürfnis des jeweils anderen nach Nähe und Distanz respektieren können und diese Unterschiedlichkeit, die manchmal vorkommen kann, nicht fehlinterpretieren. Ein unterschiedliches Bedürfnis nach Nähe und Distanz hat nichts mit Ablehnung oder mangelnder Liebe zu tun!"

(Lassen Sie diesen Denkimpuls einfach auf sich wirken!)

07. April

Übung zur Beziehungspflege: Alltagsroutine entlastet unser Denken und Handeln. Vieles von dem, was wir täglich an Leistung erbringen, wird durch Routine erleichtert. Es geschieht dadurch quasi fast wie von selbst. Wir müssen dann nicht jeden Tag alles neu überlegen oder gar neu erlernen. Aber Alltagsroutine kann auch unglücklich machen. Wo empfinden wir Alltagsroutine als für unsere Beziehung schädlich und was können wir dagegen tun?

(Machen Sie sich mindestens ein paar Minuten gemeinsam Gedanken darüber und treffen Sie eine Entscheidung!)

08. April

Denkimpuls: Unterschiedlicher Meinung zu sein, ist ganz natürlich, denn kein Mensch denkt, fühlt und handelt genauso wie ein anderer! Unterschiede sind selbstverständlich und stellen kein Problem dar. Zum Problem werden Unterschiede dann, wenn zwei Menschen weder die Bereitschaft noch die soziale Kompetenz besitzen, die Unterschiede gegenseitig anzuerkennen und als gegeben hinzunehmen.

(Lassen Sie diesen Denkimpuls einfach auf sich wirken!)

09. April

Denkimpuls: Jede Beziehung braucht Schutz. Ein Aspekt dieses Schutzes ist: sich darüber bewusst zu sein, was einem die Beziehung bedeutet. Wer die Schätze der eigenen Paarbeziehung kennt (gemeinsam Erreichtes, Erlebtes, Durchlebtes, Überstandenes, Gemeistertes, Aufgebautes etc.), weiß auch, was ihm die Beziehung wert ist und was man alles verlieren würde, wenn man das gemeinsame Glück – durch was auch immer – in Frage stellt oder aufs Spiel setzt. Wer die Schätze der Beziehung wertschätzt, schützt damit das gemeinsame Glück!

(Lassen Sie diesen Denkimpuls einfach auf sich wirken!)

10. April

Übung zur Beziehungspflege: Wen aus unserem Freundes- oder Bekanntenkreis können wir heute oder in den nächsten Tagen einmal fragen, ob Interesse besteht, mit uns etwas Schönes zu unternehmen?

(Machen Sie sich gemeinsam darüber Gedanken und treffen Sie eine Entscheidung!)

11. April

Denkimpuls: In einer harmonischen Beziehung in der sich beide Beteiligten wohl fühlen, ist es möglich, dass jeder seinen eigenen Interessen nachgehen kann. Wenn der Partner diese Interessen nicht teilt, macht das nichts. Jeder gönnt dem anderen das, was ihn interessiert und bewegt. Jeder stellt dem jeweils anderen die Freiheit zur Verfügung, eigenen Interessen nachzugehen.

(Lassen Sie diesen Denkimpuls einfach auf sich wirken!)

12. April

Denkimpuls: Gefühle sind schneller als Gedanken! Wenn wir uns beispielsweise ärgern, weil der Partner nicht so handelt, wie wir es uns wünschen, lässt uns das Gefühl des Ärgers schnell zu der Überzeugung kommen, der Partner hätte falsch gehandelt und er sei schuld an unserem Ärger. Tatsächlich kommen wir aber nur zu diesem vorschnellen Urteil, weil wir unser Gefühl nicht hinterfragen. Wenn wir uns ärgern, hat das etwas mit unseren unerfüllten Bedürfnissen zu tun. Unser Partner ist sicher nicht verpflichtet, unsere Bedürfnisse zu erfüllen. Für deren Erfüllung sind wir selbst verantwortlich. Wir selbst fühlen uns schließlich auch nicht dazu verpflichtet, alle Bedürfnisse unseres Partners zu erfüllen. Selbst wenn wir das wollten, könnten wir es nicht. Wir können ja gar nicht immer wissen, welche Bedürfnisse er hat. Wir sind nicht schuldig, wenn wir so handeln, wie es unseren Bedürfnissen entspricht, und sich dadurch unser Partner, ohne dass wir es wollen, benachteiligt fühlt. Wenn er uns deswegen Vorwürfe macht, beweist er damit einen Mangel an Respekt vor unserer Individualität und Autonomie. Unter solch einem Mangel kann eine Beziehung nur leiden!

(Lassen Sie diesen Denkimpuls einfach auf sich wirken!)

64

13. April

Übung zur Beziehungspflege: Was können wir heute Schönes / Verbindendes / Bereicherndes / Liebevolles miteinander unternehmen? Je nachdem wie viel Zeit wir heute haben, können wir etwas ganz Kleines unternehmen, wie etwa beim Abendessen das gemeinsame Wochenende planen, am Mittag in Ruhe eine kleine Pause zusammen machen, oder etwas Größeres, wie z.B. für einen Spaziergang in den Wald fahren etc.!

(Selbst wenn Sie heute nur drei Minuten Zeit für eine Gemeinsamkeit finden sollten, wird Ihnen sicher etwas einfallen!)

14. April

Denkimpuls: Immer dann, wenn wir negative Gefühle und Stimmungen in uns spüren, ist das ein Zeichen dafür, dass mindestens eines unserer menschlichen Bedürfnisse nicht erfüllt ist. Erfüllte Bedürfnisse bescheren angenehme Gefühle. Unerfüllte Bedürfnisse bescheren unangenehme Gefühle. Irrtümlich gehen wir oft davon aus, unser Partner sei schuld, wenn wir uns schlecht fühlen. Beispielsweise wenn er etwas sagt, denkt, fühlt oder tut, was uns nicht gefällt. Er erfüllt dann nicht unsere Bedürfnisse, was unangenehme Gefühle in uns wachruft.

Tatsächlich ist der Partner aber nur der Auslöser unserer negativen Stimmung. Er kann nichts dafür, welche Bedürfnisse, Erwartungen und Ansprüche wir an ihn haben. Für deren Erfüllung sind wir selbst verantwortlich!

(Lassen Sie diesen Denkimpuls einfach auf sich wirken!)

15. April

Übung zur Beziehungspflege: Einer der vier Grundpfeiler aller menschlichen Bedürfnisse ist das Bedürfnis nach Bindung (im Sinne von Verbindung, Zugehörigkeit)! Was können wir heute oder in den nächsten Tagen Förderliches für die Erfüllung dieses grundlegenden Bedürfnisses tun? Wie können wir unser Bedürfnis nach Bindung und damit auch unsere Beziehung stärken?

(Nehmen Sie sich ein wenig Zeit und machen Sie sich gemeinsam darüber Gedanken!)

16. April

Denkimpuls: Eine Beziehung braucht solange Pflege und Zuwendung, wie sie besteht. Eine Beziehung ist immer auch stetige Entwicklung und Weiterentwicklung – von jedem einzelnen selbst und vom gemeinsamen WIR.

(Lassen Sie diesen Denkimpuls einfach auf sich wirken!)

17. April

Denkimpuls: Wenn wir mit dem Partner streiten, haben wir dafür immer einen positiven Grund. Wir möchten etwas – aus unserer Sicht – Positives erreichen. Wir handeln nicht aus böser Absicht, auch wenn wir den anderen dabei verletzen. Haben Sie kürzlich mit Ihrem Partner gestritten? Wenn ja, denken Sie einmal darüber nach, welche Positive Absicht Sie hatten! Es ging Ihnen nicht darum, ihn zu verärgern oder zu verletzen, sondern darum, ein Bedürfnis zu erfüllen. Psychologisch betrachtet ist Bedürfniserfüllung immer etwas Positives. Für einen anderen, der anders denkt, fühlt oder handelt, kann sich das durchaus negativ auswirken.

(Lassen Sie diesen Denkimpuls einfach auf sich wirken!)

66

18. April

Zufriedenheitsbarometer: Auf einer Zahlenskala von 1 bis 10 (1 = gar nicht zufrieden, 10 = sehr zufrieden), wie zufrieden sind wir aktuell miteinander? Wie zufrieden bin ich? Wie zufrieden bist du? Sind wir restlos zufrieden oder gibt es etwas, womit sich unsere Zufriedenheit steigern lässt? Wenn ja, was wollen wir diesbezüglich tun?

(Nehmen Sie sich ein wenig Zeit und sprechen Sie gemeinsam darüber!)

19. April

Denkimpuls: Manchmal ist es ärgerlich, wenn der Partner etwas nicht genauso sieht oder will, wie man selbst. Manchmal kann der Ärger darüber sogar so groß sein, dass es richtig wehtut. Jedoch, wenn wir uns gegenseitig als gleichberechtigten, autonomen Menschen respektieren, wertschätzen und anerkennen, kommen wir nicht umhin, zu erkennen, dass der Ärger nicht dem Partner angelastet werden kann, sondern dass er viel mehr etwas mit unseren eigenen unerfüllten Bedürfnissen zu tun hat. Für diese ist der Partner nicht verantwortlich. Das Konto, auf das der Ärger gehört, heißt: „Es-ist-im-Leben-nicht-immer-alles-so-wie-man-es-gerne-hätte" oder "Dass-wir-unterschiedlich-sind-ist-normal-daran-trägt-keiner-von-uns-beiden-mehr-oder-weniger-Verantwortung-als-der-andere".

(Lassen Sie diesen Denkimpuls einfach auf sich wirken!)

20. April

Übung zur Beziehungspflege: Welchen gemeinsamen Schatz möchten wir heute unserer Beziehungs-Schatzkiste hinzufügen? (Siehe „Die Beziehungs-Schatzkiste" Seite 22)

21. April

Denkimpuls: Es ist schön, wenn wir einen Partner haben, der im Großen und Ganzen für uns da ist und uns zuliebe auch immer wieder gerne mal dazu bereit ist, unseren Bitten und Wünschen entgegenzukommen bzw. uns einen Gefallen zu tun. Da der Partner aber ein eigenständiger Mensch ist, der sich in seinem Denken, Fühlen und Handeln zu uns selbst unterscheidet, kann es jedoch durchaus auch immer wieder geschehen, dass es Situationen gibt, in denen er diese Bereitschaft nicht in sich findet. Niemand kann immer und ausnahmslos für den anderen da sein bzw. immer und ausnahmslos „ja sagen" zu dessen Bitten und Wünschen! Jeder sollte auch „nein sagen" können und dürfen, ohne dass der Partner das als Ablehnung versteht oder als Zeichen mangelnder Liebe. Ein gesundes Maß an Selbstfürsorge, dass am besten beide Partner zu möglichst gleichen Teilen für sich selbst beanspruchen und zugleich dem jeweils anderen zugestehen, ist ein Zeichen für Sozialkompetenz und Eigenverantwortlichkeit. Das wirkt sich positiv und friedenstiftend auf eine Beziehung aus.

(Lassen Sie diesen Denkimpuls einfach auf sich wirken!)

22. April

Denkimpuls: Wenn ich Weiß will und du Schwarz, dann ist es für unser gemeinsames Wohlbefinden gut, wenn wir versuchen die unterschiedlichen Positionen unter einen Hut zu bringen. Falls das nicht möglich ist, mag das zwar ärgerlich oder manchmal vielleicht sogar schmerzhaft für den jeweils anderen sein, aber keiner von uns beiden ist an diesem Unterschied mehr oder weniger beteiligt als der andere. Keiner kann den anderen dafür beschuldigen oder sonst wie kritisieren.

(Lassen Sie diesen Denkimpuls einfach auf sich wirken!)

68

23. April

Übung zur Beziehungspflege: Was gefällt mir an dir? Was liebe ich an dir? Das kann etwas ganz Alltägliches oder einfach nur Menschliches sein, wie etwa „Mir gefällt an dir, dass du so schöne Augen hast!" „Mir gefällt an dir, dass du so ein herzlicher Mensch bist!" „Ich liebe die Art, wie du läufst, lachst, mit anderen Menschen umgehst!" etc.

Es kann grundsätzlich alles benannt werden, was der Wahrheit entspricht! Es geht nicht um die Aufzählung möglichst vieler Aspekte, die Sie aneinander mögen oder lieben. Nennen Sie nur eine einzige Sache. Es muss auch nicht wie aus der Pistole geschossen aus Ihnen herausplatzen.

(Nehmen Sie sich für diese Übung kurz Zeit! Wenn Sie möchten, können Sie diese auch zu einem regelmäßigen Ritual werden lassen. Machen Sie die Übung dann beispielsweise 1 x täglich oder 1 x wöchentlich immer zur gleichen Zeit oder in welchem Rhythmus Sie es möchten!)

24. April

Denkimpuls: Grundlegend für eine glückliche Beziehung ist eine wertschätzende Kommunikation!

Eine Meinungsverschiedenheit ist noch lange kein Konflikt. Erst wenn man sich der Meinungsverschiedenheit nicht mehr konstruktiv zuwendet, und es beim gemeinsamen Umgang an Respekt mangelt, kann man von einem Konflikt sprechen.

(Lassen Sie diesen Denkimpuls einfach auf sich wirken!)

69

25. April

Denkimpuls: Den anderen um Entschuldigung zu bitten, zu sagen, „es tut mir leid!", wirkt sich positiv auf jede Beziehung aus!

(Lassen Sie diesen Denkimpuls einfach auf sich wirken!)

26. April

Denkimpuls: Grundlegend für unser gemeinsames Glück ist, dass wir uns gegenseitig zugestehen, individuell und autonom zu sein. Du bist nicht ich! Ich bin nicht du! Und das ist in Ordnung! Wir beide können durchaus eigene Prioritäten, Sichtweisen und Wertvorstellungen etc. haben. Daran ist nichts falsch. Meine Belange sind für mich genauso wichtig und bedeutend, wie deine Belange für dich wichtig und bedeutend sind. Wir gestehen uns gegenseitig unsere Unterschiedlichkeiten zu. Wir missionieren einander nicht!

Wenn wir Unterschiede im Denken, Fühlen und Handeln aneinander feststellen, streiten wir über diese nicht respektlos. Wir geben einander deswegen nicht das Gefühl, der jeweils andere sei dumm, im Unrecht oder er müsse doch genauso denken, fühlen und handeln wie wir selbst. Wir wissen, wir würden einander ansonsten das Gefühl geben, nicht als der Mensch anerkannt, respektiert, geachtet und wertgeschätzt zu werden, der wir sind. Geliebt können wir uns dann nicht fühlen. Aus diesem Grund gehen wir mit Unterschieden im Denken, Fühlen und Handeln besonders achtsam und respektvoll miteinander um!

Beherzigen wir all das tatsächlich in unserer Beziehung? Oder können wir künftig diesbezüglich etwas achtsamer sein?

(Lassen Sie diesen Denkimpuls einfach auf sich wirken!)

27. April

Denkimpuls: Gleichberechtigung ist ein wichtiges, sich wechselseitig bedingendes, menschliches Grundbedürfnis. Für eine glückliche Beziehung stellt es einen wichtigen Basisbaustein dar! Jeder Mensch wünscht sich, dass er von seinem Partner als gleichberechtigt anerkannt und nicht von oben herab behandelt wird. Schätzen wir die Belange des Partners geringer als unsere eigenen und lassen wir das den Partner spüren, kann dieser sich nicht gesehen, geachtet und geliebt fühlen. Zweisamkeit, Harmonie und Liebe können dabei nur Schaden nehmen.

(Lassen Sie diesen Denkimpuls einfach auf sich wirken!)

28. April

Übung zur Beziehungspflege: Was ist das Rührendste, das ich mit dir gemeinsam erlebt habe? Und was ist das Rührendste, das du gemeinsam mit mir erlebt hast?

(Verbringen Sie ein wenig Zeit zusammen und teilen Sie einander Ihre Gedanken dazu mit!)

29. April

Denkimpuls: Geringschätzung ist ein gefährliches Gift für jede Beziehung. Vermutlich ist es sogar das aller gefährlichste Beziehungsgift.

Wenn wir uns das einmal vergegenwärtigen, fallen uns dann Situationen ein, in denen wir nicht genug Wertschätzung für unseren Partner hatten? Es wirkt sich sehr positiv auf unsere Beziehung aus, wenn wir Geringschätzungen vermeiden!

(Lassen Sie diesen Denkimpuls einfach auf sich wirken!)

30. April

Monatsrückblick: Haben wir diesen Monat jeden Tag konsequent unseren Paarkalender zur Hand genommen oder zumindest versäumte Tage nachgearbeitet? Haben sich die Denkimpulse und Übungen in irgendeiner Form auf mein/dein/unser Denken, Fühlen und Handeln ausgewirkt? Welche Erkenntnisse haben wir gewonnen? Hat sich die Qualität unserer Beziehung in irgendeiner Form verändert?

(Nehmen Sie sich ein wenig Zeit und sprechen Sie gemeinsam darüber!)

M a i

01. Mai

Übung zur Beziehungspflege: Fühlst du dich von mir respektiert, anerkannt, gesehen und geliebt, oder fühlst du dich nicht ausreichend von mir geachtet, angenommen und wertgeschätzt? Auf einer Skala von 1 bis 10 (1 = in keinem Maße wertgeschätzt, 10 = in hohem Maße wertgeschätzt).

(Nehmen Sie sich ein wenig Zeit und befragen Sie sich gegenseitig! Machen Sie Ihrem Partner keine Vorwürfe, wenn Sie sich ihm mitteilen! Als Zuhörender bewerten Sie die Aussage Ihres Partners bitte nicht! Hören Sie einfach nur interessiert zu! Wenn Sie sich einander mitgeteilt haben, lassen Sie das Gesagte einfach auf sich wirken!)

02. Mai

Denkimpuls: Geliebt fühlen wir uns nur, wenn wir neben unserem Partner der Mensch sein dürfen, der wir sind.

(Lassen Sie diesen Denkimpuls einfach auf sich wirken!)

72

03. Mai

Denkimpuls: Verstehen Sie das Denken, Fühlen und Handeln Ihres Partners vielleicht auch manchmal nicht? Aber haben Sie trotzdem genügend Sozialkompetenz und vor allem Empathie um zu verstehen, dass wir alle jetzt und hier nicht anders sein können, als so, wie es uns jetzt und hier aufgrund unserer natürlichen und erworbenen Denk-, Gefühls- und Handlungskompetenzen gerade möglich ist und das wir es daher alle brauchen, als der Mensch anerkannt zu werden, der wir sind und sein können?

(Lassen Sie diesen Denkimpuls einfach auf sich wirken!)

04. Mai

Übung zur Beziehungspflege: Eine Grundvoraussetzung für jede glückliche Beziehung ist, dass beide sich in ganz grundsätzlichen Dingen, die die gemeinsame Partnerschaft betreffen, einig sind. Auch wenn es äußerst wichtig ist, dass jeder den anderen so respektiert, wie er ist, so gibt es doch Vorstellungen, Wünsche, Zukunftspläne etc. bei denen Einigkeit entscheidend für das gemeinsame Glück ist.

Was stellen wir uns unter einer Beziehung vor? Was können wir voneinander erwarten? Möchten wir monogam leben? Wünschen wir uns Kinder? Wenn ein Paar sich in solchen grundsätzlichen Fragen einig ist, wissen beide, was sie voneinander erwarten können und mit welchem Verhalten sie Vertrauen beschädigen würden.

(Nehmen Sie sich etwas Zeit und besprechen Sie sich diesbezüglich miteinander! Fertigen Sie eine Liste an, in der Sie Wesentliches bzw. Grundsätzliches notieren. Diese Liste können Sie im Laufe der Zeit immer wieder mal ergänzen oder aktualisieren. Vorstellungen können sich im Laufe der Zeit schließlich auch verändern. Es ist daher sinnvoll, sich z.B. einmal im Jahr zusammen zu setzten und gemeinsam über gemeinsame Wünsche und Ziele zu sprechen.)

05. Mai

Denkimpuls: Dem anderen die eigenen Erwartungen und Ansichten überzustülpen bzw. aufzuzwängen, wirkt sich negativ auf jede Beziehung aus!

(Lassen Sie diesen Denkimpuls einfach auf sich wirken!)

06. Mai

Übung zur Beziehungspflege: Was können wir heute Gutes für unsere Zweisamkeit tun: Es kann etwas ganz Kleines sein, wie beispielsweise, dass wir uns ein wenig Zeit nehmen, um in aller Ruhe eine Tasse Kaffee zusammen zu trinken. Oder wir haben heute mehr Zeit und wir gehen beispielsweise am Abend gemeinsam Essen, Freunde besuchen oder was auch immer uns dazu einfällt und auf was wir beide uns einigen können.

(Nehmen Sie sich ein paar Minuten Zeit! Machen Sie sich gemeinsam Gedanken darüber und treffen Sie eine Entscheidung!)

07. Mai

Übung zur Beziehungspflege: Was können wir heute oder in den nächsten Tagen einmal – für unsere Verhältnisse – Verrücktes, Außergewöhnliches oder Neues ausprobieren?

Es kann etwas ganz Kleines, Unaufwändiges sein oder falls wir mehr Zeit finden, auch gerne etwas Größeres und Aufwändigeres!

(Nehmen Sie sich ein wenig Zeit, sprechen Sie gemeinsam darüber und treffen Sie eine Entscheidung!)

08. Mai

Übung zur Beziehungspflege: Gemeinsam gemütlich zusammen zu sitzen und sich an die wunderbare Zeit des Kennenlernens und Verliebens zu erinnern, wirkt sehr positiv auf die Gefühle von Verbundenheit und Zweisamkeit!

(Nehmen Sie sich heute oder in den nächsten Tagen etwas Zeit und schwelgen Sie ein Weilchen in Erinnerungen!)

09. Mai

Denkimpuls: Vieles was unser Partner für uns tut oder an Positivem in unsere Beziehung einbringt, halten wir mit der Zeit für selbstverständlich. Tatsächlich ist es das aber nicht! Manches halten wir sogar nicht nur für selbstverständlich, sondern wir kriegen auch gar nicht mehr mit, dass es überhaupt vorhanden ist. Leider empfinden wir für alles, was wir für selbstverständlich halten, auch keine Dankbarkeit mehr.

Hierfür ein Bewusstsein zu entwickeln, künftig achtsamer zu sein, genauer hinzuschauen, die vermeintlichen Selbstverständlichkeiten wieder wahrzunehmen und dafür Dankbarkeit zum Ausdruck zu bringen, stabilisiert jede Beziehung und intensiviert das emotionale Band zwischen beiden Beteiligten!

(Lassen Sie diesen Denkimpuls einfach auf sich wirken!)

10. Mai

Übung zur Beziehungspflege: Was könnten wir heute oder in den nächsten Tagen einmal Albernes, Kindisches oder für uns Ungewöhnliches tun?

(Machen Sie sich gemeinsam darüber Gedanken und treffen Sie eine Entscheidung!)

11. Mai

Denkimpuls: Wenn zwei Menschen miteinander streiten, macht das nur Sinn, wenn beide sich nicht mehr im Zustand höchster Emotionalität befinden. Zu einer Klärung oder Lösung findet man am ehesten, wenn man die Angelegenheit möglichst nüchtern und sachlich miteinander angeht. Wer wirklich konstruktiv und zielführend etwas miteinander klären oder lösen möchte, wartet besser ab, bis Aufregung, Wut, Verletztheit etc. abgeklungen sind! Falls die Gemüter sich bei dem Klärungsversuch trotzdem wieder erhitzen, sollte man den Streit wieder für eine Weile unterbrechen. Solange, bis man sich wieder gesammelt hat.

(Lassen Sie diesen Denkimpuls einfach auf sich wirken!)

12. Mai

Denkimpuls: Ich weiß, dass du dich nicht geliebt fühlen kannst, wenn ich dich wie mein Eigentum behandele.

(Lassen Sie diesen Denkimpuls einfach auf sich wirken!)

13. Mai

Denkimpuls: Manchmal verhält sich der Partner nicht so, wie man es gerne hätte oder wie man es gut findet. Das mag ärgerlich sein, aber wenn man meint, das Recht zu besitzen, ihn dafür zurechtzuweisen oder ihm die eigenen Erwartungen und Ansprüche als die besseren, wichtigeren oder ehrenwerteren zu verkaufen, ist das im Grunde ein Zeichen dafür, dass man die Individualität des anderen nicht respektiert. Es ist ein gewaltsamer, respektloser Übergriff auf die Seele und Würde des anderen.

(Lassen Sie diesen Denkimpuls einfach auf sich wirken!)

76

14. Mai

Übung zur Beziehungspflege: Wann oder wobei fühle ich mich so richtig wohl und lebendig? Wann oder wobei fühlst du dich so richtig wohl und lebendig?

(Verbringen Sie ein wenig Zeit zusammen und teilen Sie einander Ihre Gedanken dazu mit!)

15. Mai

Denkimpuls: Für Harmonie, Zweisamkeit und Liebe ist es sehr heilsam, wenn sich beide an einer Beziehung Beteiligten immer wieder fragen, ob sie ihrem Partner mit genügend Interesse begegnen.

(Lassen Sie diesen Denkimpuls einfach auf sich wirken!)

16. Mai

Denkimpuls: Nachsichtig zu sein, wenn der Partner einmal Fehler begeht, wirkt sich positiv auf jede Beziehung aus!

(Lassen Sie diesen Denkimpuls einfach auf sich wirken!)

17. Mai

Denkimpuls: Wenn wir mit dem Partner in Streit geraten, sollten wir uns möglichst bald daran erinnern, dass wir uns für unser unterschiedliches Denken, Fühlen und Handeln im Grunde nicht schuldig sprechen können. Wir sollten uns schließlich gleichberechtigt, respektvoll und wertschätzend begegnen. Wenn wir uns nicht einigen können, ist es gut, trotzdem nach Kompromissen und Lösungen zu suchen, oder den anderen möglichst so zu nehmen, wie er ist!

(Lassen Sie diesen Denkimpuls einfach auf sich wirken!)

18. Mai

Übung zur Beziehungspflege: Was können wir heute einmal anders machen als gewohnt oder wie können wir ein bisschen Abwechslung in unsere Alltagsroutine bringen? Je nachdem, wie viel Zeit wir heute zur Verfügung haben, kann das auch ruhig nur eine Kleinigkeit sein, wie etwa anstatt wir wie gewohnt am Morgen ein Marmeladenbrötchen essen, bereiten wir uns ein Müsli zu. Oder wir haben Zeit für eine größere Abwechslung, wie beispielsweise anstatt wir uns am Abend mit Hausarbeit beschäftigen, fragen wir Freunde, ob sie Lust haben, uns zu besuchen etc.

(Nehmen Sie sich ein paar Minuten Zeit! Machen Sie sich gemeinsam Gedanken darüber und entscheiden Sie sich für etwas!)

19. Mai

Übung zur Beziehungspflege: Rituale und Gesten der Zuneigung nähren das Bindungsbedürfnis und das gemeinsame WIR eines jeden Paares. Welche Rituale und Gesten der Zuneigung, die wir auch als Zeichen unserer Liebe werten können, gibt es in unserer Beziehung? Welche Rituale oder Gesten können wir neu in unsere Beziehung integrieren, weil wir damit unser Bedürfnis nach Verbundenheit, Zuneigung und Liebe nähren? Beispiele für mögliche Rituale: jeden Morgen einen Begrüßungskuss, jeden Abend einen Gute-Nacht-Kuss, jeden Sonntagabend einen kuscheligen Fernsehabend etc. Beispiele für mögliche Gesten: Händchenhalten beim Spazierengehen, täglich immer mal so zwischendurch eine zärtliche Berührung oder Umarmung etc.

(Nehmen Sie sich ein wenig Zeit und sprechen Sie gemeinsam darüber, welche Gesten und / oder Rituale Ihnen guttun könnten. Treffen Sie zusammen eine Entscheidung!)

78

20. Mai

Denkimpuls: Nicht immer können wir nachvollziehen, warum der andere so denkt, fühlt und handelt, wie er es nun einmal tut. Dennoch ist klar, dass jeder Mensch nur so denken, fühlen und handeln kann, wie es ihm aufgrund seiner natürlichen und erlernten Bedürfnisse, Stärken, Schwächen und momentanen Befindlichkeiten möglich ist bzw. richtig erscheint. Jeder möchte daher so respektiert und anerkannt werden, wie er ist. Andernfalls kann man sich nicht geliebt oder gesehen fühlen.

(Lassen Sie diesen Denkimpuls einfach auf sich wirken!)

21. Mai

Übung zur Beziehungspflege: Für die Stabilisierung einer Beziehung ist es sehr heilsam, wenn sich beide Partner immer wieder fragen, ob sie in ihrer Beziehung genügend Bereitschaft besitzen und Interesse aufbringen, um das gemeinsame WIR bzw. das gemeinsame WIR-Gefühl zu entwickeln und zu pflegen. Woran erkennen wir selbst, ob es ein oder kein intaktes gemeinsames WIR gibt? Woran erkennen andere, ob zwischen uns beiden ein oder kein WIR-Gefühl existiert? Wie können wir unser gemeinsames WIR intensivieren bzw. weiterhin pflegen?

(Nehmen Sie sich ein wenig Zeit, machen Sie sich Gedanken zu diesen Fragen und sammeln Sie gemeinsam Ideen dazu!)

22. Mai

Übung zur Beziehungspflege: Womit können wir uns heute etwas Gutes tun?

(Machen Sie sich gemeinsam darüber Gedanken und treffen Sie eine Entscheidung!)

79

23. Mai

Denkimpuls: Jede Beziehung braucht Schutz. Ein Aspekt dieses Schutzes ist: beide Partner verhalten sich in der Gegenwart anderer so, dass Außenstehende erkennen können, dass sie ein Paar sind. Beispielsweise durch Gesten der Zuneigung, wie Händchenhalten, sich mal einen Kuss geben, sich mal verliebt anschauen oder mit anderen über das gemeinsame Glück sprechen etc. Dieses Verhalten signalisiert anderen, dass man ein Paar ist, welches das gemeinsame Glück genießt und wertschätzt sowie für andere tabu ist! Beide intensivieren mit diesem Verhalten auch für sich selbst spürbar das zwischen ihnen vorhandene emotionale Band.

(Lassen Sie diesen Denkimpuls einfach auf sich wirken!)

24. Mai

Übung zur Beziehungspflege: Entwickeln Sie heute einmal selbst eine Übung zur Beziehungspflege. Fällt Ihnen etwas ein, was Ihnen für die Intensivierung, Aktivierung oder Entwicklung Ihrer gemeinsamen Beziehung sinnvoll erscheint?

(Verbringen Sie einfach ein paar Minuten zusammen, um sich darüber Gedanken zu machen! Vielleicht finden oder kreieren Sie eine neue Idee!? Wenn nicht, haben Sie dennoch ein bisschen Zeit gemeinsam über etwas nachgedacht. Auch das allein verbindet und fördert das Gefühl von Zweisamkeit!)

25. Mai

Übung zur Beziehungspflege: Welchen gemeinsamen Schatz möchten wir heute unserer Beziehungs-Schatzkiste hinzufügen? (Siehe „Die Beziehungs-Schatzkiste" Seite 22)

26. Mai

Denkimpuls: Grundlegend für eine glückliche Beziehung ist eine einander wertschätzende Kommunikation! Im Streit wachsen Misstrauen und Empfindlichkeit, sodass sich unser Wahrnehmen und Denken verengt. Wir werden misstrauisch und empfindlich, wo es gar nicht angebracht ist. Bei wertschätzender Kommunikation geschieht dies kaum oder sogar überhaupt nicht.

(Lassen Sie diesen Denkimpuls einfach auf sich wirken!)

27. Mai

Denkimpuls: Dem Partner wegen seines Denkens, Fühlens oder Handelns das Gefühl zu vermitteln, dumm, falsch, schlecht, etc. zu sein, wirkt sich negativ auf jede Beziehung aus!

(Lassen Sie diesen Denkimpuls einfach auf sich wirken!)

28. Mai

Denkimpuls: Bei Beziehungsproblemen ist es sehr heilsam, wenn man nicht versucht zu klären, wer von beiden schuld ist. Es ist viel wichtiger und erwachsener, sich für die Ursachen zu interessieren und nach Lösungen zu suchen! Wenn sich zwei Menschen in einer Beziehung als gleichberechtigt anerkennen, gibt es niemals eine Grundlage, auf der man den jeweils anderen schuldig sprechen kann. Jeder ist gleichermaßen dazu berechtigt, seine eigenen Sichtweisen, Prioritäten, Bedürfnisse, Interessen etc. zu haben. An einem Unterschied, aus dem ein Beziehungsproblem entsteht, sind beide zu gleichen Teilen beteiligt!

(Lassen Sie diesen Denkimpuls einfach auf sich wirken!)

29. Mai

Denkimpuls: Blättern Sie im Buch auf die Seite 16 zurück und lesen Sie den gesamten Beitrag unter der Überschrift: „Von vermeintlichen Enttäuschungen"!

(Lassen Sie das Gelesene dann einfach auf sich wirken!)

30. Mai

Übung zur Beziehungspflege: Rituale, die in einer Beziehung fest integriert sind, können das Gefühl von Vertrautheit, Nähe, Verbundenheit und Anerkennung sehr positiv beeinflussen! Ein besonders wirksames Ritual ist ein Dankbarkeitsritual. Das kann z.B. wie folgt aussehen: Beide Partner sagen sich 1 x täglich oder in einem Turnus ihrer Wahl, wofür sie dem jeweils anderen dankbar sind! Nicht jedem fällt es leicht, so etwas auszusprechen. Manchem fällt es leichter, etwas aufzuschreiben! Das könnte dann wie folgt aussehen: Jeder steckt dem Partner im vereinbarten Turnus einen Zettel zu, auf dem steht, wofür man ihm dankbar ist!

(Überlegen Sie beide: Möchten Sie dieses Ritual fest in Ihre Beziehung integrieren oder es nur heute durchführen?)

31. Mai

Monatsrückblick: Haben wir diesen Monat jeden Tag konsequent unseren Paarkalender zur Hand genommen oder zumindest versäumte Tage nachgearbeitet? Haben sich die Denkimpulse und Übungen in irgendeiner Form auf mein/dein/unser Denken, Fühlen und Handeln ausgewirkt? Welche Erkenntnisse haben wir gewonnen? Hat sich die Qualität unserer Beziehung in irgendeiner Form verändert?

(Nehmen Sie sich ein wenig Zeit und sprechen Sie gemeinsam darüber!)

82

Juni

01. Juni

Übung zur Beziehungspflege: Der Sommer ist eine ganz besonders schöne Zeit mit viel Wärme und Licht. Wer liebt den Sommer nicht und wer trifft sich im Sommer nicht gerne mit Freunden oder Verwandten, um gemeinsam eine schöne Zeit im Freien zu verbringen? Beispielsweise bei einem gemeinsamen Ausflug oder einem Schlemmerabend im eigenen Garten etc.

Im Sommer haben viele von uns daher das Bedürfnis nach Unternehmungen und Aktivitäten im Freien.

Mit wem und mit was möchten wir gerne in diesem Sommer gemeinsame Zeit verbringen? Wer sollte dabei nicht vergessen werden?

(Nehmen Sie sich ein wenig Zeit und besprechen Sie sich miteinander! Wenn Sie sich gerade noch nicht festlegen können oder möchten, vereinbaren Sie schon jetzt, wann Sie sich diesbezüglich noch einmal austauschen wollen!)

02. Juni

Denkimpuls: Wenn ich etwas anders sehe als mein Partner und wir uns nicht darüber einig werden, kann das für mich oder ihn oder für uns beide ärgerlich sein.

Der Ärger ist aber nicht auf das „Du-bist-an-meinem-Ärger-schuld-Konto" zu buchen, sondern auf das „Dass-wir-unterschiedlich-sind-ist-ganz-normal-Konto" oder das „Es-ist-nicht-immer-alles-so-wie-man-es-gerne-hätte-Konto".

(Lassen Sie diesen Denkimpuls einfach auf sich wirken!)

83

03. Juni

Denkimpuls: Kommunikation ist ein wichtiger Grundpfeiler in glücklichen Beziehungen. Ein Paar sollte daher dazu entschlossen sein, in einem guten Sinne miteinander zu kommunizieren.

Die allerwichtigsten Grundpfeiler einer Beziehung, die es uns ermöglichen, in einem guten Sinne miteinander zu kommunizieren und die wir bei allem, was wir denken, sagen, fühlen und tun, stets berücksichtigen sollten, sind:

Die Bereitschaft zur uneingeschränkten Gleichberechtigung bzw. Gleichwertigkeit, die Bereitschaft zu größtmöglicher, vertrauensvoller Offenheit und Ehrlichkeit, die Bereitschaft, den jeweils anderen als den Menschen anzuerkennen, der er ist sowie die Bereitschaft, bei Differenzen nicht darum zu streiten, wer Recht hat, sondern sich die Unterschiede zuzugestehen und sich gütlich zu einigen.

(Lassen Sie diesen Denkimpuls einfach auf sich wirken!)

04. Juni

Übung zur Beziehungspflege: Was können wir heute Schönes / Verbindendes / Bereicherndes / Liebevolles miteinander unternehmen? Je nachdem wie viel Zeit wir heute haben, können wir etwas ganz Kleines unternehmen, wie etwa am Abend vor dem Zu-Bett-Gehen erst noch einmal zehn Minuten herumalbern, am Nachmittag in Ruhe ein Stück Kuchen zusammen essen, oder etwas Größeres, wie z.B. in den Zoo oder Botanischen Garten gehen etc.!

(Selbst wenn Sie heute nur drei Minuten Zeit für eine Gemeinsamkeit finden sollten, wird es Ihnen sicher möglich sein, sich etwas einfallen zu lassen!)

05. Juni

Denkimpuls: Gibt es Situationen, in denen wir unseren Partner nicht ausreichend wertschätzen? Schätzen wir, was er für uns leistet oder in die Beziehung einbringt? Oder nehmen wir seine Leistungen als selbstverständlich hin?

Ist uns klar, dass ein Mangel an Anerkennung die Gefühle von Zweisamkeit, Zugehörigkeit, Harmonie und Liebe zerstört?

(Lassen Sie diesen Denkimpuls einfach auf sich wirken!)

06. Juni

Denkimpuls: Wenn zwei Menschen miteinander respektvoll reden, achten sie darauf, sachlich zu bleiben, dem anderen keine Vorwürfe zu machen und stattdessen Ich-Botschaften zu senden.

Wünsche und Bedürfnisse werden als Ich-Botschaften zum Ausdruck gebracht, anstatt Erwartungen und Forderungen in den Raum zu stellen.

Weil damit Verantwortung für die eigenen Bedürfnisse und Gefühle übernommen wird, ist folgende Formulierung richtig: „Ich bin traurig / ich fühle mich traurig, weil ich diese Woche oft einsam war und ich aber das Bedürfnis nach Nähe hatte!"

So ist es falsch, weil damit die Verantwortung für die eigenen Bedürfnisse und Gefühle dem Partner übergestülpt werden: „Es macht mich traurig / du machst mich traurig, wenn du mich die ganze Woche alleine lässt!"

(Lassen Sie diesen Denkimpuls einfach auf sich wirken!)

07. Juni

Übung zur Beziehungspflege: Welche Gesten der Zuneigung wünsche ich mir von dir? Welche Gesten der Zuneigung wünschst du dir von mir?

(Nehmen Sie sich ein wenig Zeit und teilen Sie sich diesbezüglich einander mit! Erwarten Sie nicht, dass Ihr Partner das von Ihnen Gewünschte ab sofort erfüllt. Lassen Sie einfach erstmal alles wirken!)

08. Juni

Denkimpuls: Wenn wir nicht liebevoll, respektvoll, gleichberechtigt und gewaltfrei miteinander umgehen und kommunizieren, bedeutet das, dass wir lieblos, respektlos, hierarchisch (nicht gleichberechtigt, nicht auf gleicher Augenhöhe) und gewaltsam miteinander umgehen bzw. kommunizieren. Solch eine Art des Umgangs bzw. der Kommunikation wäre für eine Paarbeziehung in jedem Fall schädlich!

Jede Respektlosigkeit ist ein Angriff auf die Würde und die Seele des anderen. Jeder Angriff stimuliert den anderen unbewusst zu einem Gegenangriff. Mit jedem Angriff und jedem Gegenangriff entfernen wir uns emotional von unserem Partner und es entsteht eine immer größere Mauer aus negativen Gefühlen und Gedanken zwischen uns.

Das Bild, das wir von uns selbst, dem anderen und der gemeinsamen Beziehung entwickeln, fühlt sich dann lieblos, freudlos, langweilig, blockierend und unbefriedigend an. Darum kommunizieren glückliche Paare liebevoll, respektvoll, gleichberechtigt und gewaltfrei miteinander.

(Lassen Sie diesen Denkimpuls einfach auf sich wirken!)

09. Juni

Denkimpuls: Nicht gegeneinander zu kämpfen, sondern miteinander zu reden; Fehler bei sich selbst zu suchen und dem anderen gegenüber einzugestehen, wirkt sich positiv auf jede Beziehung aus!

(Lassen Sie diesen Denkimpuls einfach auf sich wirken!)

10. Juni

Übung zur Beziehungspflege: Was ist das Schönste, das ich mit dir gemeinsam erlebt habe? Was ist das Schönste, das du gemeinsam mit mir erlebt hast?

(Verbringen Sie ein wenig Zeit zusammen und teilen Sie einander Ihre Gedanken dazu mit!)

11. Juni

Denkimpuls: In einer glücklichen Beziehung braucht jeder auch seine eigene Privatsphäre, die er respektiert haben möchte. Es wirkt sich negativ auf Beziehungen aus, wenn auf das Bedürfnis nach Privatsphäre nicht geachtet wird. Eigene Bereiche, Tagebuch, Smartphone, Laptop etc. sollten für den jeweils anderen tabu sein. Allerdings nicht, um beziehungsrelevante Heimlichkeiten vor dem Partner verbergen zu können. Vertrauen ist hierbei Voraussetzung!

(Lassen Sie diesen Denkimpuls einfach auf sich wirken!)

12. Juni

Denkimpuls: Den Partner an seiner freien Entwicklung und Entfaltung zu hindern, wirkt sich negativ auf jede Beziehung aus!

(Lassen Sie diesen Denkimpuls einfach auf sich wirken!)

13. Juni

Denkimpuls: Grundlegend für gemeinsames Glück ist, dass zwei Menschen miteinander über alles offen und ehrlich reden können. Wahres Vertrauen kann sich nur dann zwischen zwei Partnern entwickeln und entfalten, wenn sie sich genügend Raum für Offenheit und Ehrlichkeit zur Verfügung stellen. Wir alle haben jeweils unsere eigenen Bedürfnisse, Meinungen, Gefühle, Befindlichkeiten, Interessen, Eigenschaften, Werte, Wünsche, Begehren, Ängste, Fähigkeiten, Unfähigkeiten, Prägungen, Neigungen, Prioritäten, Stärken, Schwächen, Verletzbarkeiten, Defizite etc. Wenn wir uns gegenseitig nicht genügend Raum für absolute Offenheit und Ehrlichkeit zur Verfügung stellen, finden wir vermutlich nicht immer den Mut und die Bereitschaft in uns, uns dem anderen vertrauensvoll mitzuteilen. Wenn wir befürchten müssen, vom jeweils anderen für unser Denken, Fühlen und Handeln gerügt oder beschuldigt zu werden, wenn wir beispielsweise manchmal so sind, wie der andere es nicht nachvollziehen und auch nicht gutheißen kann, dann werden wir uns nicht zutrauen, immer offen und ehrlich zu sein. Ob wir offen und ehrlich über alles reden können, hängt also immer auch vom anderen ab. Wenn wir darauf vertrauen können, dass wir über alles reden dürfen, egal was es ist und egal was wir vielleicht falsch gemacht haben, dann finden wir auch die Bereitschaft in uns, stets einander unsere Wahrheit anzuvertrauen und zuzumuten. Wenn wir hingegen befürchten müssen, für unsere Offenheit und Ehrlichkeit beschimpft und beschuldigt zu werden, werden wir uns vor diesen Angriffen schützen wollen und die Wahrheit lieber verschweigen. Stellen wir uns bereits den größtmöglichen Raum für richtig verstandene Offenheit und Ehrlichkeit zur Verfügung? Oder können wir diesbezüglich noch an uns arbeiten?

(Lassen Sie diesen Denkimpuls einfach auf sich wirken!)

88

14. Juni

Bindungsbarometer: Auf einer Skala von 1 bis 10 (1 = sehr schwach, 10 = sehr stark), wie sehr fühlen wir uns aktuell miteinander verbunden bzw. in Kontakt? Ist das Bedürfnis nach Bindung bzw. Verbindung restlos erfüllt? Wenn nein, was können wir tun, damit wir uns verbundener fühlen?

(Nehmen Sie sich ein wenig Zeit und sprechen Sie gemeinsam darüber!)

15. Juni

Übung zur Beziehungspflege: Wohin können wir heute oder in den nächsten Tagen einmal essen gehen, wo wir noch nie waren. Vielleicht sogar in ein Restaurant mit ausländischer Küche, die wir noch nie ausprobiert haben?

(Nehmen Sie sich ein wenig Zeit, sprechen und entscheiden Sie gemeinsam darüber und werden Sie dann aktiv!)

16. Juni

Denkimpuls: Wenn wir etwas anders sehen als unser Partner, und wir dann darüber in Streit geraten, halten wir unsere eigene Sicht für die bessere, berechtigtere, ehrenwertere etc. Irrtümlich meinen wir dann, wir hätten das Recht, dem Partner unsere eigene Meinung aufzudrängen. Mit Wertschätzung, Gleichberechtigung, Akzeptanz und Respekt haben solche Geringschätzungen jedoch nichts zu tun. Sie sind Gift für jede Paarbeziehung!

(Lassen Sie diesen Denkimpuls einfach auf sich wirken!)

17. Juni

Denkimpuls: Interesse ist ein wichtiges, sich wechselseitig bedingendes, menschliches Grundbedürfnis. Für eine glückliche Beziehung stellt es einen wichtigen Basisbaustein dar! Jeder Mensch wünscht sich, dass sein Gegenüber sich für ihn interessiert. Interessieren wir uns nicht dafür, wer unser Partner ist, was ihn bewegt, was er sich wünscht, woran er leidet oder warum er so ist, wie er ist, wird er sich mit der Zeit immer weniger gesehen, anerkannt und geliebt fühlen. Zweisamkeit, Harmonie und Liebe können darunter nur leiden!

(Lassen Sie diesen Denkimpuls einfach auf sich wirken!)

18. Juni

Übung zur Beziehungspflege: Was gefällt mir an dir? Was liebe ich an dir? Das kann etwas ganz Alltägliches oder einfach nur Menschliches sein, wie etwa „Mir gefällt an dir, dass du so schöne Augen hast!" „Mir gefällt an dir, dass du so ein herzlicher Mensch bist!" „Ich liebe die Art, wie du läufst, lachst, mit anderen Menschen umgehst!" etc.

Es kann grundsätzlich alles benannt werden, was der Wahrheit entspricht! Es geht nicht um die Aufzählung möglichst vieler Aspekte, die Sie aneinander mögen oder lieben. Nennen Sie nur eine einzige Sache. Es muss auch nicht wie aus der Pistole geschossen aus Ihnen herausplatzen.

(Nehmen Sie sich für diese Übung kurz Zeit! Wenn Sie möchten, können Sie diese auch zu einem regelmäßigen Ritual werden lassen. Machen Sie die Übung dann beispielsweise 1 x täglich oder 1 x wöchentlich immer zur gleichen Zeit oder in welchem Rhythmus Sie es möchten!)

19. Juni

Denkimpuls: „Wenn du dies und jenes tust, dann liebst du mich nicht", „wenn du dies und jenes nicht bereit bist, für mich zu tun, dann liebst du mich auch nicht!" etc. Solche Aussagen sind Irrtümer, denen ein Mangel an Respekt, Empathie und Verständnis zugrunde liegt. Nur ein interessierter, achtsamer Umgang miteinander, macht es möglich, solchen Fehlinterpretationen auf die Schliche zu kommen. Wer solche undifferenzierten Annahmen nicht entlarvt, hat es schwer, eine Beziehung zu pflegen, die von Respekt, Wertschätzung und Liebe getragen wird. Wenn der eine ein anderes Bedürfnis hat, als der andere, hat das nichts damit zu tun, wie sehr er den anderen liebt oder nicht. Es ist ganz natürlich, dass Menschen unterschiedliche Befindlichkeiten, Interessen, Vorstellungen, Prioritäten etc. haben.

(Lassen Sie diesen Denkimpuls einfach auf sich wirken!)

20. Juni

Denkimpuls: Es ist Paaren zu empfehlen, Vertrauen nicht an Bedingungen zu knüpfen. „Wenn du jemals dies oder jenes tun solltest, dann kannst du was erleben oder dann ist Schluss!" Mit solch einer oder ähnlichen Aussagen signalisieren Sie Ihrem Partner, dass er Ihnen im Zweifelsfall nicht alles offen und ehrlich anvertrauen kann. Menschen sind aufgrund ihrer komplexen und manchmal sehr komplizierten Gefühlszustände und Denkgebäude nicht immer in der Lage, sich so zu verhalten, wie es angemessen, gut und richtig wäre oder wie der Partner es sich wünscht. Das ist einfach zutiefst menschlich! Wenn Menschen Fehler machen, ist es gut, wenn sie einen Partner haben, der für sie Verständnis aufbringen kann und ihnen nicht sofort Ärger macht oder gar das Vertrauen entzieht.

(Lassen Sie diesen Denkimpuls einfach auf sich wirken!)

21. Juni

Denkimpuls: Unsere Bedürfnisse können sich zu jenes des Partners unterscheiden. Wir handeln manchmal so, wie es dem anderen nicht gefällt. Aber nicht, weil wir ihn verletzen wollen, sondern weil wir nicht anders können, als nach unseren eigenen Bedürfnissen, Befindlichkeiten, Interessen und Kompetenzen zu handeln. Alles, was wir tun, dient immer der Bedürfnisbefriedigung. Keiner von uns kann sich aussuchen, welche Bedürfnisse er in sich findet. Wir können nur in uns hineinspüren und feststellen, welche in uns sind. In einer glücklichen Beziehung sind beide Partner dazu bereit und in der Lage, einander für vorhandene Unterschiedlichkeiten nicht geringzuschätzen!

(Lassen Sie diesen Denkimpuls einfach auf sich wirken!)

22. Juni

Denkimpuls: Ist Ihnen klar, dass sich der Partner eingeengt und ungeliebt fühlt, wenn man ihn für sein Denken, Fühlen und Handeln kritisiert, bevormundet, schuldig spricht etc.? Ist Ihnen bewusst, dass jeder Mensch Raum zur freien Entwicklung und Entfaltung benötigt, und dass kein Mensch auf dieser Welt einen Partner braucht, der ihn diesbezüglich beschneidet bzw. blockiert?

(Lassen Sie diesen Denkimpuls einfach auf sich wirken!)

23. Juni

Denkimpuls: Geliebt fühlen wir uns nur dann, wenn wir das Gefühl haben, unser Partner versteht, dass es für unser Glück wichtig ist, zu unseren Interessen stehen zu können.

(Lassen Sie diesen Denkimpuls einfach auf sich wirken!)

24. Juni

Denkimpuls: Manches, was nicht relevant für die Beziehung ist, muss der Partner nicht unbedingt wissen. Aber vieles andere, was man dem Partner verheimlicht, schadet der Beziehung und zerstört Vertrauen nachhaltig. Trotzdem kommt es in Beziehungen nicht selten vor, dass es zu beziehungsrelevanten Heimlichkeiten kommt. Das liegt in den meisten Fällen daran, dass es zwischen beiden Partnern nicht genügend Raum gibt, in dem sie sich über alles offen und ehrlich unterhalten können.

Am Anfang einer Beziehung denken wir nicht daran oder halten es noch nicht einmal für möglich, dass einige unserer Bedürfnisse mit der Zeit auf der Strecke bleiben könnten. Aber letztlich kann es gar nicht anders kommen. Niemand kann allen Erwartungen des anderen gerecht werden. Leider trauen wir uns dann häufig nicht, dem Partner zu sagen, dass es etwas gibt, das uns beispielweise fehlt. Dass wir dies und das vermissen oder begehren.

Wenn es nicht genug Raum für Offenheit und Ehrlichkeit gibt, befürchten wir, für offen und ehrlich mitgeteilte Wahrheiten vom Partner kritisiert oder gar abgestraft zu werden. Dass wir das fürchten, liegt meist an den Erfahrungen, die wir mit dem Partner bereits gemacht haben. Wenn wir für unsere Ehrlichkeit schon einmal vom Partner Anfeindung und Verachtung geerntet haben, finden wir häufig nicht mehr genügend Vertrauen in uns und zu unserem Partner, ihm gegenüber alles offen und ehrlich thematisieren zu können.

Fazit: Ob wir uns einander offen und ehrlich mitteilen, hat immer auch mit dem jeweils anderen zu tun. Die Aktionen des einen stehen immer auch in Zusammenhang mit den Reaktionen des anderen. Dafür gibt es in Beziehungen sehr häufig kein oder nur wenig Bewusstsein!

(Lassen Sie diesen Denkimpuls einfach auf sich wirken!)

25. Juni

Übung zur Beziehungspflege: Wen aus unserem Freundes- oder Bekanntenkreis können wir heute oder in den nächsten Tagen einmal fragen, ob Interesse besteht, mit uns etwas zu unternehmen, was wir alle noch nie gemacht haben? Vielleicht können wir mit unseren Freunden oder Bekannten zunächst einmal gemeinsam überlegen, was uns dazu einfällt und dann gemeinsam entscheiden, was wir machen wollen?

(Machen Sie sich gemeinsam darüber Gedanken und treffen Sie eine Entscheidung!)

26. Juni

Übung zur Beziehungspflege: Welchen gemeinsamen Schatz möchten wir heute unserer Beziehungs-Schatzkiste hinzufügen? (Siehe „Die Beziehungs-Schatzkiste" Seite 22)

27. Juni

Denkimpuls: Eine glückliche, gesunde Paarbeziehung ist keine Symbiose aus zwei Menschen. Viel wichtiger ist es für das gemeinsame Glück, dass beide sich selbst und dem anderen gönnen und wünschen, innerhalb der Beziehung auch als Individuum erkennbar zu bleiben!

(Lassen Sie diesen Denkimpuls einfach auf sich wirken!)

28. Juni

Denkimpuls: Dem Partner zu danken, wenn er etwas für einen getan hat, wirkt sich positiv auf jede Beziehung aus!

(Lassen Sie diesen Denkimpuls einfach auf sich wirken!)

29. Juni

Denkimpuls: Ich weiß, dass du dich nicht geliebt fühlen kannst, wenn ich dir das Gefühl gebe, kein Interesse oder keine Zeit für dich zu haben.

(Lassen Sie diesen Denkimpuls einfach auf sich wirken!)

30. Juni

Monatsrückblick: Haben wir diesen Monat jeden Tag konsequent unseren Paarkalender zur Hand genommen oder zumindest versäumte Tage nachgearbeitet? Haben sich die Denkimpulse und Übungen in irgendeiner Form auf mein/dein/unser Denken, Fühlen und Handeln ausgewirkt? Welche Erkenntnisse haben wir gewonnen? Hat sich die Qualität unserer Beziehung in irgendeiner Form verändert?

(Nehmen Sie sich ein wenig Zeit und sprechen Sie gemeinsam darüber!)

Juli

01. Juli

Übung zur Beziehungspflege: Was können wir heute Gutes für unsere Zweisamkeit tun? Es kann etwas ganz Kleines sein, wie beispielsweise, dass wir uns ein wenig Zeit nehmen, um einen kurzen Spazierganz miteinander zu machen. Oder wir haben heute mehr Zeit und wir gehen z.B. gemeinsam ins Schwimmbad, ins Kino oder was auch immer uns dazu einfällt und auf was wir beide uns einigen können.

(Nehmen Sie sich ein wenig Zeit und denken Sie darüber nach! Treffen Sie gemeinsam eine Entscheidung!)

02. Juli

Denkimpuls: WIR-Bewusstsein ist ein wichtiger Baustein in funktionierenden Beziehungen! Als glückliches Paar ist man möglichst daran interessiert, die Bedürfnisse und Interessen von beiden Beteiligten respektvoll miteinander zu vereinen. Ein glückliches Paar respektiert und interessiert sich für beide Seiten zu gleichen Teilen und findet bei Differenzen Lösungen, die beide Positionen berücksichtigen. Deshalb ist es gut, wenn zwei Partner sich nach innen und nach außen als Paar begreifen und sich selbst und anderen gegenüber auch als Paar auftreten! Zeigen wir beide uns und anderen, dass wir ein Paar sind?

(Lassen Sie diesen Denkimpuls einfach auf sich wirken!)

03. Juli

Übung zur Beziehungspflege: Einer der vier Grundpfeiler aller menschlichen Bedürfnisse ist das Bedürfnis nach Sicherheit (im Sinne von „ich benötige gewisse Sicherheiten in meinem Leben, ich brauche die Kontrolle über mich und mein Leben, sowie eine gewisse Ordnung, Struktur und Klarheit")!

Was können wir heute oder in den nächsten Tagen Förderliches für die Erfüllung dieses grundlegenden Bedürfnisses tun?

Wie kann ich / kannst du das Bedürfnis nach Sicherheit (im o.g. Sinne) nähren? Wie können wir das Bedürfnis (im o.g. Sinne und im Sinne unserer gemeinsamen Beziehung) nähren?

(Nehmen Sie sich ein wenig Zeit und machen Sie sich einzeln und gemeinsam darüber Gedanken!)

96

04. Juli

Denkimpuls: Wenn der Partner anders denkt, handelt oder fühlt, als wir selbst, heißt das nicht, dass er gegen uns denkt, handelt oder fühlt. Das hat nichts mit mangelnder Liebe oder Ähnlichem zu tun. Er denkt, handelt und fühlt halt einfach nur so, wie es ihm aufgrund seiner natürlichen und erlernten Bedürfnisse, Stärken, Schwächen und momentanen Befindlichkeiten möglich ist. Genauso, wie wir auch nicht anders können, als uns so zu verhalten, wie es unserer Natur, unseren Lernerfahrungen und Befindlichkeiten entspricht.

(Lassen Sie diesen Denkimpuls einfach auf sich wirken!)

05. Juli

Denkimpuls: Grundlegend für eine glückliche Beziehung ist eine wertschätzende Kommunikation! Wertschätzend zu kommunizieren bedeutet: An Probleme geht man so heran, dass sie zukunftsorientiert, beziehungserhaltend und nachhaltig gelöst werden. Nachhaltig und zukunftsorientiert bedeutet, dass man nicht immer wieder neu über die gleichen Dinge streitet, sondern eine Lösung findet, die dauerhaft von beiden respektiert wird. Beziehungserhaltend bedeutet, dass man sich auch nach dem Streit noch versteht. Wertschätzend zu kommunizieren bedeutet: Weg von Rechthaberei, hin zu gleichberechtigtem Austausch.

(Lassen Sie diesen Denkimpuls einfach auf sich wirken!)

06. Juli

Denkimpuls: Den Partner für eigene Zwecke manipulieren zu wollen, wirkt sich negativ auf jede Beziehung aus!

(Lassen Sie diesen Denkimpuls einfach auf sich wirken!)

07. Juli

Übung zur Beziehungspflege: Gibt es etwas, das wir in den nächsten Tagen oder Wochen zu zweit oder sogar mit anderen feiern können? Vielleicht etwas, womit wir unsere Beziehung ehren? Beispielsweise unser viereinhalbjähriges Bestehen, den letzten gemeinsamen Urlaub, unsere Liebe, unsere gemeinsam erreichten Ziele oder was auch immer?

(Machen Sie sich gemeinsam darüber Gedanken und treffen Sie eine Entscheidung!)

08. Juli

Denkimpuls: Für Zweisamkeit und Liebe in einer Beziehung ist es heilsam, wenn sich beide Partner immer wieder fragen, ob sie genügend Mitgefühl für den Partner aufbringen!?

(Lassen Sie diesen Denkimpuls einfach auf sich wirken!)

09. Juli

Denkimpuls: Unterschiede im Denken, Fühlen und Handeln sind häufig Auslöser für Streit. Je länger man über eine Angelegenheit streitet, umso weniger geht es bald noch um die Sache selbst. Vielmehr geht es darum, dass man sich vom jeweils anderen nicht verstanden fühlt. Verstanden zu werden, ist ein wichtiges, wechselseitiges, menschliches Bedürfnis. Bleibt es unerfüllt, beschert es uns unangenehme Gefühle. Kommt es häufiger vor, dass dieses grundlegende Bedürfnis keine Erfüllung findet, führt das mit der Zeit zu einer immer größer werdenden emotionalen Distanz zwischen beiden an einer Beziehung Beteiligten!

(Lassen Sie diesen Denkimpuls einfach auf sich wirken!)

10. Juli

Denkimpuls: Wenn wir uns vom Partner bevormundet, beschuldigt, manipuliert oder sonst wie geringgeschätzt fühlen, beschädigt das das gemeinsame Glück. Der eine meint dann, er habe das Recht, dem anderen in dessen Leben hineinzuregieren. Der Partner fühlt sich durch solch einen gewaltsamen Übergriff weder respektiert, noch anerkannt oder als gleichberechtigtes Gegenüber wertgeschätzt.

(Lassen Sie diesen Denkimpuls einfach auf sich wirken!)

11. Juli

Denkimpuls: Nur wer seinem Partner vertraut, kann ihm auch ohne schlechtes Gefühl die nötige Freiheit lassen, die er für seine Entwicklung und Entfaltung braucht. Aber nur wer seinem Partner keinen berechtigten Grund für Misstrauen liefert, hat auch Vertrauen verdient! Vertrauenswürdig ist man dann, wenn man sich innerhalb der Beziehung an gemeinsame Vorstellungen und Abmachungen hält! Wenn Vertrauen aktiv beschädigt wird, wirkt sich das häufig extrem negativ auf eine Paarbeziehung aus. Vertrauensbrüche können schlimme seelische Wunden verursachen, die nur schwer wieder verheilen – viele heilen sogar nie ganz aus!

(Lassen Sie diesen Denkimpuls einfach auf sich wirken!)

12. Juli

Übung zur Beziehungspflege: Wen können wir heute oder in den nächsten Tagen mal wieder besuchen oder einladen? Was können wir dann alle gemeinsam machen? Kochen, Quatschen, Spieleabend oder was fällt uns dazu ein?

(Nehmen Sie sich ein wenig Zeit, sprechen Sie gemeinsam darüber und werden Sie aktiv!)

13. Juli

Übung zur Beziehungspflege: Gibt es etwas, dass ich schon lange vor mir herschiebe? Möchte ich schon seit ewigen Wochen mit Sport anfangen und tue es nicht? Müsste ich schon längst dieses oder jenes erledigt haben, aber noch immer habe ich mich nicht dazu aufgerafft? Oder gibt es sogar etwas, das wir beide schon länger in Angriff nehmen wollten und noch immer haben wir uns nicht darum gekümmert? Zu was können wir uns durchringen?

(Nehmen Sie sich etwas Zeit und sprechen Sie gemeinsam darüber! Treffen Sie dann Ihre Entscheidungen!)

14. Juli

Denkimpuls: Jede Beziehung braucht Schutz. Ein Aspekt dieses Schutzes ist: beiden Partnern ist bewusst, es gibt auf dieser Welt auch noch andere Menschen, die man – neben dem eigenen Partner – erotisch interessant finden kann. Nicht weil man ein charakterloser oder schlechter Partner ist, sondern weil alle Menschen sexuelle Wesen sind, die Augen im Kopf haben! Das ist ganz natürlich und nicht zu vermeiden.

Beiden Partnern sollte also klar sein, dass die eigene Paarbeziehung gegen potenzielle „Gefahren" von außen bewusst geschützt werden muss. Das heißt, gegen einen kleinen Flirt oder Ähnliches ist vielleicht nichts einzuwenden, aber spätestens wenn man sich für einen Außenstehenden mehr interessiert, als es der Beziehung zuträglich ist, sollte man die Reißleine ziehen, sich zurückziehen und sich auf den Wert und den Schutz der eigenen Beziehung besinnen. Wer zu sehr mit dem Feuer spielt, gefährdet die Beziehung!

(Lassen Sie diesen Denkimpuls einfach auf sich wirken!)

100

15. Juli

Denkimpuls: In einer Beziehung machen sich beide Partner ein Bild vom jeweils anderen, das viel mehr der eigenen subjektiven Wahrnehmung entspricht als der Realität. So haben wir ein Bild von unserem Partner, das ein ganz anderes ist, als jenes, das dieser von sich selbst hat. Wenn wir ihm davon berichten, welches Bild wir von ihm haben, fühlt er sich von uns oft gar nicht erkannt, gesehen und als die Person wertgeschätzt, die er in Wahrheit ist oder besser gesagt, für die er sich hält! Das Bild, das er von sich selbst hat, entspringt schließlich auch nur der eigenen subjektiven Wahrnehmung. Das spielt aber keine Rolle! Die Bilder, die wir voneinander haben, drücken wir dem Partner gegenüber leider oft in respektlosen Diagnosen aus, wie z.B. den folgenden: Verallgemeinernde Diagnosen: „Du bist immer so und so!", „Immer machst du alles anders als ich es tue!" etc. Prophezeiende Diagnosen: „Ich weiß doch, dass du morgen Abend sowieso wieder zu spät zu unserer Verabredung kommen wirst!", „Du wirst dich sowieso nie verändern!" etc. Verachtende Diagnosen: „Du willst dich für den Job im Fitness-Studio bewerben? Dafür bist du doch viel zu dick!", „Du kannst doch die Spüle nicht selbst reparieren, du bist doch in so was völlig ungeschickt!" etc. Interpretierende Diagnosen: „Du brauchst dich gar nicht rauszureden, ich weiß doch, wie du das gemeint hast", „Ich weiß doch, dass du nur deswegen lieb zu mir bist, weil du ein schlechtes Gewissen hast!" Verletzende Diagnosen: „Du kannst das doch nicht, du bist dafür einfach zu blöde!", „Du glaubst doch selbst nicht, dass du es dieses Mal schaffst, drei Kilo abzunehmen, so willensschwach wie du bist!" Wertschätzung, Respekt und Anerkennung sehen anders aus! Die Gefühle der Zweisamkeit, Verbundenheit und Liebe gehen bei solch einem unachtsamen Umgang immer mehr verloren!

(Lassen Sie diesen Denkimpuls einfach auf sich wirken!)

16. Juli

Denkimpuls: Jeder Mensch nimmt sich selbst, andere und die gesamte Welt auf eigene Weise wahr. Es ist als hätte jeder eine eigene Wahrnehmungs- und Bewertungsbrille auf der Nase, durch die er nur so sehen, fühlen, denken und handeln kann, wie es ihm diese Brille erlaubt. Das zu erkennen und die Brille des anderen als zu ihm gehörend und berechtigt anzuerkennen, ist oberstes Gebot, wenn Menschen respektvoll, wertschätzend und gleichberechtigt miteinander umgehen möchten. Die Brille des anderen nicht anzuerkennen oder gar abzuwerten, ist ein Zeugnis für einen Mangel an Respekt, Wertschätzung, Empathie etc.

(Lassen Sie diesen Denkimpuls einfach auf sich wirken!)

17. Juli

Denkimpuls: Mit anderen über den Partner negativ zu sprechen, (Freunde, Bekannte, Kollegen etc.) wirkt sich oft sehr negativ auf die gemeinsame Beziehung aus. Probleme mit dem Partner sollte man lieber direkt mit ihm selbst versuchen zu klären!

(Lassen Sie diesen Denkimpuls einfach auf sich wirken!)

18. Juli

Übung zur Beziehungspflege: Gemeinsamkeiten sind ein Baustein jeder glücklichen Beziehung? Welche Freizeitge-staltung macht uns beiden Freude? Worüber können wir beide gemeinsam lachen? Was finden wir beide ganz und gar nicht zum Lachen? Wobei können wir beide gemeinsam entspannen? Was sind unsere wichtigsten gemeinsamen Werte? Was ist uns beiden für unsere Zukunft wichtig?

(Nehmen Sie sich ein wenig Zeit und tauschen Sie untereinander Ihre Gedanken dazu aus! Lassen Sie das Gespräch dann einfach auf sich wirken!)

19. Juli

Denkimpuls: In vielen Beziehungen ist es so, dass jeder von sich selbst denkt, er selbst sei derjenige, der mehr an Engagement oder Leistung in die Beziehung einbringt, als der andere es tut. Das liegt daran, dass jeder vollumfänglich weiß und mitbekommt, was er selbst alles leistet und wie viel Kraft ihn das kostet. Was der andere tut und wie viel Kraft ihn das kostet, weiß man niemals vollumfänglich. Man steckt ja nicht in dessen Schuhen und bemerkt deshalb in weiten Teilen nicht, mit was dieser sich tatsächlich beschäftigt. Es erscheint einem dann so, als sei dessen Leistung geringer als die eigene. Vielleicht kümmert sich der eine tatsächlich viel mehr um den Haushalt als der andere. Dafür geht der andere vielleicht viel mehr arbeiten. Beide bringen damit ihren Anteil in die Beziehung ein.

Viele, die beruflich arbeiten, meinen, Hausarbeit sei nicht besonders anstrengend oder wertvoll. Umgekehrt sieht jener, der die ganze Hausarbeit allein erledigt häufig nur, dass der berufstätige Partner wenig zu Hause ist und erkennt ebenso wenig den Wert, den dieser damit in die Beziehung einbringt. Wer die Leistung des Partners geringschätzt, schadet damit der gemeinsamen Beziehung. Dabei ist es sogar fast schon egal, ob vielleicht einer wirklich mehr oder weniger leistet als der andere. Es gibt Menschen, die mehr als andere leisten können. Es gibt Menschen, die weniger Kraft haben als andere. Und zwar aus berechtigten und unterschiedlichen Gründen.

Es lohnt, sich für die Gründe zu interessieren und darüber respektvoll zu kommunizieren. Letztlich möchte jeder so respektiert werden, wie er ist. Um uns geliebt fühlen zu können, brauchen wir alle ein Gegenüber, das uns versteht und so annimmt, wie wir sind!

(Lassen Sie diesen Denkimpuls einfach auf sich wirken!)

103

20. Juli

Denkimpuls: Wenn ich etwas tue, das meinem Partner nicht gefällt, erzeugt das in ihm unangenehme Gefühle. Manches verletzt ihn vielleicht sogar. Das ist so, weil dann mindestens eines seiner Bedürfnisse unerfüllt bleibt. Unerfüllte Bedürfnisse erzeugen immer unangenehme Gefühle. Irrtümlich denkt mein Partner dann unter Umständen, mein Handeln sei ein Beweis für Desinteresse, mangelnde Liebe etc. In Wahrheit hat es damit aber gar nichts zu tun. Wir können alle immer nur so denken, fühlen und handeln, wie wir es in der jeweiligen Situation für sinnvoll halten und wie es für uns leistbar ist. Alles, was Menschen tun, hat gleichzeitig auch immer für andere Folgen. Für den einen kann es positive Folgen haben, für einen anderen negative. Das geschieht nicht aus Absicht, sondern ist einfach nur ein Nebeneffekt unseres Handelns. Wir alle tun Dinge, die sich für andere nachteilig auswirken können. Nicht aus böser Absicht, sondern weil wir nicht anders können, als zu versuchen, für unsere Bedürfnisse Erfüllung zu finden!

(Lassen Sie diesen Denkimpuls einfach auf sich wirken!)

21. Juli

Übung zur Beziehungspflege: Alltagsroutine hilft dabei, nicht alles, was wir täglich denken, sagen und tun, jeden Tag neu überdenken oder erlernen zu müssen! Wir können durch sie entspannt und beruhigt auf Autopilot schalten. Dennoch kann Alltagsroutine auch negative Folgen haben.

Was können wir verändern, um negativer Alltagsroutine entgegenzuwirken?

(Machen Sie sich mindestens ein paar Minuten gemeinsam Gedanken darüber und treffen Sie eine Entscheidung!)

22. Juli

Denkimpuls: Meine Bedürfnisse, Meinungen, Gefühle, Befindlichkeiten, Interessen, Werte, Wünsche, Begehren, Ängste, Fähigkeiten, Unfähigkeiten, Prägungen, Neigungen, Talente, Eigenschaften, Prioritäten, Stärken, Schwächen, Verletzbarkeiten, Defizite etc. sind für mich genauso wichtig und bedeutend, wie deine es für dich sind. In einer glücklichen Beziehung sind beide Partner dazu bereit und in der Lage, das zu respektieren und einander gleichberechtigt zu begegnen!

(Lassen Sie diesen Denkimpuls einfach auf sich wirken!)

23. Juli

Denkimpuls: Je mehr wir uns für uns selbst verantwortlich fühlen und für uns selbst sorgen können, umso weniger meinen wir, dass unser Partner für die Erfüllung unserer Bedürfnisse zuständig ist. Wir fühlen uns dann nicht abhängig von ihm und sprechen ihn auch nicht schuldig, wenn er nicht so denkt, fühlt oder handelt, wie wir es uns vorgestellt haben!

Je weniger wir uns für uns selbst verantwortlich fühlen und für uns selbst sorgen können, umso mehr meinen wir, unser Partner sei für die Erfüllung unserer Bedürfnisse zuständig. Wir fühlen uns dann abhängig von ihm und neigen dazu, ihn anzuklagen, wenn er nicht so denkt, fühlt oder handelt, wie wir es uns von ihm wünschen!

Je mehr beide Partner für ihre eigenen Bedürfnisse, Gefühle und Interessen Verantwortung übernehmen und für sich selbst sorgen können, umso höher sind Bereitschaft und Kompetenz, einander ein guter Partner zu sein.

(Lassen Sie diesen Denkimpuls einfach auf sich wirken!)

24. Juli

Denkimpuls: Den Partner um Entschuldigung zu bitten, wirkt sich positiv auf jede Beziehung aus!

(Lassen Sie diesen Denkimpuls einfach auf sich wirken!)

25. Juli

Übung zur Beziehungspflege: Was können wir heute Schönes / Verbindendes / Bereicherndes / Liebevolles miteinander unternehmen? Je nachdem wie viel Zeit wir heute haben, können wir etwas ganz Kleines machen, wie etwa uns ein Lächeln schenken, uns etwas Liebevolles sagen, ein wenig Blödsinn zusammen machen, oder etwas Größeres, wie z.B. durch die Stadt bummeln oder uns am Abend mit Freunden treffen!

(Selbst wenn Sie heute nur drei Minuten Zeit für eine Gemeinsamkeit finden sollten, fällt Ihnen sicher etwas ein!)

26. Juli

Denkimpuls: Muss ich mich oder muss sich mein Partner ändern, damit wir glücklich sein können? Die Freiheit des einen hört immer da auf, wo die des anderen eingeengt wird!

Zwei Menschen, die in einer Paarbeziehung glücklich zusammen leben möchten, sollten bereit sein, sich zu verändern. Aber nicht, weil der Partner das will, sondern weil man sich selbst verändern, sowie entwickeln und wachsen möchte.

(Lassen Sie diesen Denkimpuls einfach auf sich wirken!)

27. Juli

Übung zur Beziehungspflege: Welchen gemeinsamen Schatz möchten wir heute unserer Beziehungs-Schatzkiste hinzufügen? (Siehe „Die Beziehungs-Schatzkiste" Seite 22)

28. Juli

Denkimpuls: Keine Frage, Kinder sind etwas Wunderbares. Jeder, der sich Kinder wünscht und bekommt, erfüllt sich damit einen Traum, der größer nicht sein kann. Doch aufgepasst! So schwer es auch fällt, den folgenden Satz anzuerkennen, er ist wahr: Kinder können auch zum Auslöser von Beziehungsproblemen werden.

Kinder können dafür natürlich nichts. Sie sind einfach Kinder und sollen auch einfach nur Kinder sein können. Es liegt in der Verantwortung und Kompetenz der Eltern, einerseits für ihre Kinder genügend Liebe, Fürsorge, Energie, Aufmerksamkeit und Zeit zu haben und andererseits dabei nicht das gemeinsame Paarglück aus den Augen zu verlieren. Was ja auch für die Kinder gut ist!

Wenn wir neben unseren Kindern kaum andere Prioritäten haben oder keinen anderen Lebenssinn verfolgen, kann das allerspätestens dann negative Folgen für uns selbst haben, wenn die Kinder irgendwann einmal ihre eigenen Wege gehen! In der Regel gibt es aber dann schon lange vorher Probleme mit dem gemeinsamen Paarglück!

(Lassen Sie diesen Denkimpuls einfach auf sich wirken!)

Anmerkung: Falls Sie keine oder noch keine Kinder haben sollten, denken Sie einfach einmal kurz gemeinsam laut über diesen Denkimpuls nach und teilen Sie Ihre Gedanken miteinander!

29. Juli

Denkimpuls: Vertrauen ist ein wichtiger Grundpfeiler in Beziehungen. Dazu nachfolgend ein paar Gedanken eines glücklichen Paares: „Wir beide vertrauen einander. Uns ist bewusst, niemand kann stets so sein, wie der Partner sich das vorstellt. Auch Fehler kann jeder manchmal machen. Wo Offenheit und Ehrlichkeit zu Anschuldigung, Bestrafung, Zank und Streit führen, ist im Grunde von vornherein kein wahres Vertrauen vorhanden. Wenn man nicht darauf vertrauen kann, dass man dem Partner die Wahrheit anvertrauen darf, fühlt man sich unter Umständen dazu gezwungen, die Wahrheit für sich zu behalten. Zwischen uns herrscht deshalb so viel Vertrauen, dass wir uns jederzeit offen und ehrlich einander mitteilen können!"

(Lassen Sie diesen Denkimpuls einfach auf sich wirken!)

30. Juli

Übung zur Beziehungspflege: Was gefällt mir an dir? Was liebe ich an dir? Das kann etwas ganz Alltägliches oder einfach nur Menschliches sein, wie etwa „Mir gefällt an dir, dass du so schöne Augen hast!" „Mir gefällt an dir, dass du so ein herzlicher Mensch bist!" „Ich liebe die Art, wie du läufst, lachst, mit anderen Menschen umgehst!" etc.

Es kann grundsätzlich alles benannt werden, was der Wahrheit entspricht! Es geht nicht um die Aufzählung möglichst vieler Aspekte, die Sie aneinander mögen oder lieben. Nennen Sie nur eine einzige Sache. Es muss auch nicht wie aus der Pistole geschossen aus Ihnen herausplatzen.

(Nehmen Sie sich für diese Übung kurz Zeit! Wenn Sie möchten, können Sie diese auch zu einem regelmäßigen Ritual werden lassen. Machen Sie die Übung dann beispielsweise 1 x täglich oder 1 x wöchentlich immer zur gleichen Zeit oder in welchem Rhythmus Sie es möchten!)

31. Juli

Monatsrückblick: Haben wir diesen Monat jeden Tag konsequent unseren Paarkalender zur Hand genommen oder zumindest versäumte Tage nachgearbeitet? Haben sich die Denkimpulse und Übungen in irgendeiner Form auf mein/dein/unser Denken, Fühlen und Handeln ausgewirkt? Welche Erkenntnisse haben wir gewonnen? Hat sich die Qualität unserer Beziehung in irgendeiner Form verändert?

(Nehmen Sie sich ein wenig Zeit und sprechen Sie gemeinsam darüber!)

August

01. August

Übung zur Beziehungspflege: Was können wir heute einmal anders machen als gewohnt oder wie können wir ein bisschen Abwechslung in unsere Alltagsroutine bringen? Je nachdem, wie viel Zeit wir heute zur Verfügung haben, kann es auch ruhig nur eine Kleinigkeit sein, wie etwa anstatt wie gewohnt am Mittag ein belegtes Brötchen zu essen, bereiten wir uns einen Salat zu. Oder wir haben Zeit für eine größere Abwechslung, wie beispielsweise anstatt am Abend etwas zu kochen, gehen wir lieber in unser Lieblingsrestaurant.

(Nehmen Sie sich ein paar Minuten Zeit! Machen Sie sich gemeinsam Gedanken und entscheiden Sie sich für etwas!)

02. August

Denkimpuls: Blättern Sie im Buch auf Seite 13 zurück und lesen Sie dort den Beitrag unter der Überschrift: „Von Offenheit und Ehrlichkeit"!

(Lassen Sie das Gelesene dann einfach auf sich wirken!)

03. August

Denkimpuls: Niemand kann immer und ausnahmslos für den anderen da sein bzw. immer und ausnahmslos „ja sagen" zu dessen Bitten und Wünschen! Daher sollte jeder auch „nein sagen" können und dürfen, ohne dass der Partner das als Ablehnung seiner Person versteht oder als Zeichen mangelnder Liebe. Ein gesundes Maß an Selbstfürsorge, dass am besten beide Partner zu möglichst gleichen Teilen für sich selbst beanspruchen und zugleich dem jeweils anderen zugestehen, ist ein Zeichen für eine hohe soziale Kompetenz und Eigenverantwortlichkeit. Das wirkt sich positiv und friedenstiftend auf eine Beziehung aus.

Denn: nur wer ein gesundes Maß an Selbstfürsorge besitzt, kann auch gut für sich selbst Verantwortung übernehmen bzw. für sich selbst sorgen. Erst wenn man genügend für sich selbst gesorgt hat, ist es möglich, ausreichend Energie übrig zu haben, um dann auch noch für andere da sein zu können. Andernfalls würde man permanent über die eigene Belastungsgrenze hinaus handeln. Was sich auf die eigene Gesundheit und die gemeinsame Paarbeziehung negativ auswirken kann!

(Lassen Sie diesen Denkimpuls einfach auf sich wirken!)

04. August

Übung zur Beziehungspflege: Was ist das Schwerste, das ich mit dir gemeinsam erlebt habe? Was ist das Schwerste, das du gemeinsam mit mir erlebt hast?

(Verbringen Sie ein wenig Zeit zusammen und teilen Sie einander Ihre Gedanken dazu mit!)

05. August

Denkimpuls: Offenheit und Ehrlichkeit brauchen Raum! Wer sich wirklich Offenheit und Ehrlichkeit wünscht, sollte sie auch vertragen können. Wenn der Partner befürchten muss, für die offen ausgesprochene Wahrheit respektlos kritisiert und schuldig gesprochen zu werden, findet er vermutlich kein oder nur wenig Vertrauen in sich, sich offen und ehrlich mitzuteilen!

Das heißt nicht, dass wir uns nicht ärgern dürfen, wenn unser Gegenüber offen und ehrlich etwas von sich mitteilt, was uns nicht gefällt. Es heißt aber, dass wir wissen sollten, auf welches Konto der Ärger gehört und dass eine Lösung nicht in einem respektlosen Wortgefecht erstritten werden kann. Der Ärger ist nicht auf die Konten „Du-bist-schuld", oder „Du-tust-mir-weh" zu buchen, sondern vielmehr auf die Konten „Es-ist-nicht-immer-so-wie-man-es-gerne-hätte" oder „Ich-wünsche-es-mir-zwar-anders-aber-dafür-kannst-du-nichts".

(Lassen Sie diesen Denkimpuls einfach auf sich wirken!)

06. August

Denkimpuls: Jeder Mensch wünscht sich Anerkennung, Wertschätzung und Beachtung! Ein ganz einfaches Mittel, mit dem man dem Partner diese Bedürfnisse super leicht erfüllen kann, ist: So oft es geht, wirklich ehrlichgemeinte Komplimente machen! „Oh, die Nudelsauce ist dir aber mal wieder gut gelungen!" „Die Hose sieht ja toll an dir aus!" „Ich finde es grandios, wie du das immer alles machst!" etc.

(Lassen Sie diesen Denkimpuls einfach auf sich wirken!)

111

07. August

Denkimpuls: Zwei Menschen in der Phase der ersten Verliebtheit haben oft unrealistische, naive Vorstellungen voneinander: z.B: „Ich liebe dich so sehr, du liebst mich genauso sehr, wir werden uns immer so sehr lieben!" Oder: „Meine Wünsche und Ziele sind auch deine Wünsche und Ziele!" Und viele weitere Annahmen mehr …

Nach Abklingen der euphorischen Verliebtheit ist es ratsam diese Vorstellungen an die weiterentwickelte, erwachsene Liebesbeziehung anzupassen, weil es sonst recht bald zu Enttäuschungen kommen kann! Z.B. könnten diese dann wie folgt lauten: „Ich liebe dich, du liebst mich, wir wünschen uns, dass das so bleibt und tun unser Bestes dafür!" Oder: „Meine Wünsche und Ziele können sich von deinen Wünschen und Zielen unterscheiden! Das ist ganz natürlich und kein Grund, verärgert zu sein. Wir geben unser Bestes, für unsere Unterschiede gegenseitig Verständnis zu entwickeln!"

(Lassen Sie diesen Denkimpuls einfach auf sich wirken!)

08. August

Denkimpuls: Mitgefühl ist ein wichtiges, sich wechselseitig bedingendes, menschliches Grundbedürfnis. Für eine glückliche Beziehung stellt es einen wichtigen Basisbaustein dar!

Wir alle wünschen uns, dass unser Partner an unserem Leben Anteil nimmt. Wenn er nicht genügend Anteil an unserem Leben nimmt, werden wir immer mehr das Gefühl entwickeln, für ihn unwichtig, uninteressant und bedeutungslos zu sein. Die Gefühle von Zweisamkeit, Harmonie und Liebe können dabei nur abnehmen!

(Lassen Sie diesen Denkimpuls einfach auf sich wirken!)

09. August

Denkimpuls: Wenn wir etwas tun, das dem anderen nicht gefällt, heißt das nicht, dass wir ihm damit schaden wollen oder dass er uns egal ist. Es hat überhaupt nichts mit Geringschätzung oder Ablehnung zu tun. Es ist ganz normal, dass Bedürfnisse von zwei Menschen sich unterscheiden. Es ist daher klug, sich nicht über den jeweils anderen zu ärgern, wenn man Unterschiedlichkeiten aneinander entdeckt, sondern gegenseitig die eigene Individualität und Autonomie anzuerkennen!

(Lassen Sie diesen Denkimpuls einfach auf sich wirken!)

10. August

Denkimpuls: Der naive Traum vom Partner, der nur Augen für mich hat, mir jeden Wunsch von den Augen abliest, mir niemals wehtun kann, immer für mich da ist, nur mich braucht, mit mir verschmilzt und eins wird etc. schürt viele Probleme, die in einer erwachsenen Liebesbeziehung vorkommen können. Mit den damit verbundenen überhöhten, unrealistischen Erwartungen, überfordern sich beide Partner gegenseitig.

Solchen Hollywood-Idealen kann niemand auf Dauer gerecht werden. Die Erwartungen erfüllen sich zwangsläufig nicht. Irrtümlich glauben dann beide, dem jeweils anderen für die Nichterfüllung der jeweiligen Bedürfnisse Vorwürfe machen zu können. Ob aus euphorischer naiver Verliebtheit erwachsene Liebe werden kann, hängt davon ab, ob zwei Menschen nach Abklingen der euphorischen Verliebtheit dauerhaft respektvoll, achtsam, wertschätzend und fair miteinander umgehen können!

(Lassen Sie diesen Denkimpuls einfach auf sich wirken!)

113

11. August

Denkimpuls: Grundlegend für unser gemeinsames Glück ist, dass wir uns nicht mit Erwartungen, Bedingungen und sonstigen Ansprüchen an den jeweils anderen, am eigenen Sein hindern. Wenn wir uns im Beisein des Partners beispielsweise blockiert, eingeengt oder einfach nicht frei fühlen, uns so zu zeigen und so zu verhalten, wie es uns entspricht, ist dies ein Beweis dafür, dass zwischen uns ein Mangel an Wertschätzung, Gleichberechtigung und sonstigen sich wechselseitig bedingenden Bedürfnissen existiert. Wenn wir es nicht schaffen, uns gegenseitig – im Rahmen unserer Beziehung – genügend Anerkennung und Freiraum zur jeweils eigenen Entwicklung und Entfaltung zur Verfügung zu stellen, werden sich die Gefühle der Liebe, Harmonie und Verbundenheit mit der Zeit immer mehr verflüchtigen.

Ist uns das beiden klar? Ist es uns beiden wichtig, uns gegenseitig das Gefühl zu geben, vom jeweils anderen den Raum zur freien Entwicklung und Entfaltung zur Verfügung gestellt zu bekommen, sodass sich jeder von uns vom anderen gesehen, geachtet und geliebt fühlen kann? Oder sind wir stattdessen bemüht, den anderen mit unseren Erwartungen, Bedingungen und Ansprüchen in seiner Freiheit einzuschränken und zu blockieren?

(Lassen Sie diesen Denkimpuls einfach auf sich wirken!)

12. August

Denkimpuls: Blättern Sie im Buch auf die Seite 11 zurück und lesen Sie den Beitrag unter der Überschrift „Von der Basis einer glücklichen Beziehung"!

(Lassen Sie das Gelesene dann einfach auf sich wirken!)

114

13. August

Denkimpuls: Grundlegend für eine glückliche Beziehung ist eine wertschätzende Kommunikation! Wertschätzend zu kommunizieren bedeutet: Konflikte werden so gelöst, dass es nicht am Ende einen Gewinner und einen Verlierer gibt, sondern zwei Profitierende. Beide Seiten finden jeweils Berücksichtigung. Beide respektieren jeweils die Meinung des anderen und finden eine Lösung!

(Lassen Sie diesen Denkimpuls einfach auf sich wirken!)

14. August

Übung zur Beziehungspflege: Können wir heute oder in den nächsten Tagen etwas tun, das unsere Zweisamkeit fördert?

(Nehmen Sie sich etwas Zeit und lassen Sie sich etwas einfallen!)

15. August

Denkimpuls: Wenn unser Partner etwas tut, was uns nicht gefällt, muss das noch lange nicht bedeuten, dass er uns nicht mag oder uns geringschätzt – selbst dann nicht, wenn wir wissen, dass er weiß, dass uns das, was er tut, nicht gefällt.

Aber wenn wir ihn für sein Handeln kritisieren, ihm Vorwürfe machen oder ihn schuldig sprechen, dann schätzen wir ihn gering. Wir anerkennen dann schließlich nicht, wer er ist! Wir betrachten ihn nicht als gleichberechtigtes Gegenüber!

(Lassen Sie diesen Denkimpuls einfach auf sich wirken!)

16. August

Übung zur Beziehungspflege: In welche Stadt oder an welchen Ort können wir heute oder in den nächsten Tagen einmal fahren, wo wir noch nie zuvor waren? Es muss nicht weit weg sein. Vielleicht einfach nur um einmal durch die kleine Altstadt zu bummeln oder um über den Wochenmarkt zu laufen und irgendeine Kleinigkeit aus der Hand zu essen?

Oder wie können wir heute oder in den nächsten Tagen auf andere Weise für einen Tapetenwechsel sorgen?

(Nehmen Sie sich ein wenig Zeit und sprechen Sie gemeinsam darüber. Treffen Sie eine Entscheidung!)

17. August

Denkimpuls: Wann haben Sie Ihrem Partner zuletzt gesagt, dass Sie ihn so akzeptieren und wertschätzen wie er ist und es Ihnen wichtig ist, dass er sich frei fühlen darf, um sich – im Rahmen Ihrer Beziehung – so entwickeln und entfalten zu können, wie es seinen Bedürfnissen und Interessen entspricht? Wer seinen Partner liebt, möchte schließlich, dass dieser glücklich ist. Jeder gönnt dem anderen, was er zum Glücklichsein braucht!

(Lassen Sie diesen Denkimpuls einfach auf sich wirken!)

18. August

Denkimpuls: Für den Partner ein offenes Ohr zu haben, wenn dieser sich an uns wendet, wirkt sich sehr positiv auf unsere Beziehung aus!

(Lassen Sie diesen Denkimpuls einfach auf sich wirken!)

116

19. August

Übung zur Beziehungspflege: Was gefällt mir an dir? Was liebe ich an dir? Das kann etwas ganz Alltägliches oder einfach nur Menschliches sein, wie etwa „Mir gefällt an dir, dass du so schöne Augen hast!" „Mir gefällt an dir, dass du so ein herzlicher Mensch bist!" „Ich liebe die Art, wie du läufst, lachst, mit anderen Menschen umgehst!" etc.

Es kann grundsätzlich alles benannt werden, was der Wahrheit entspricht! Es geht nicht um die Aufzählung möglichst vieler Aspekte, die Sie aneinander mögen oder lieben. Nennen Sie nur eine einzige Sache. Es muss auch nicht wie aus der Pistole geschossen aus Ihnen herausplatzen.

(Nehmen Sie sich für diese Übung kurz Zeit! Wenn Sie möchten, können Sie diese auch zu einem regelmäßigen Ritual werden lassen. Machen Sie die Übung dann beispielsweise 1 x täglich oder 1 x wöchentlich immer zur gleichen Zeit oder in welchem Rhythmus Sie es möchten!)

20. August

Übung zur Beziehungspflege: Welches ist mein / welches ist dein Lieblingsgefühl, und warum?

(Nehmen Sie sich ein paar Minuten Zeit und erzählen Sie sich, was Ihr Lieblingsgefühl ist!)

21. August

Übung zur Beziehungspflege: Welchen gemeinsamen Schatz möchten wir heute unserer Beziehungs-Schatzkiste hinzufügen? (Siehe „Die Beziehungs-Schatzkiste" Seite 22)

22. August

Übung zur Beziehungspflege: Was meine ich, ist meine größte Schwäche? Was meinst du, ist meine größte Schwäche? Was meinst du, ist deine größte Schwäche? Was meine ich, ist deine größte Schwäche?

(Verbringen Sie ein wenig Zeit zusammen und teilen Sie einander Ihre Gedanken dazu mit! Hören Sie sich einfach nur interessiert zu! Diskutieren Sie nicht! Korrigieren Sie Ihren Partner nicht, wenn Sie eine andere Einschätzung von sich oder ihm haben! Lassen Sie dann einfach alles auf sich wirken!)

23. August

Übung zur Beziehungspflege: Alle Gemeinsamkeiten verbinden! Gibt es gemeinsame Bedürfnisse, Interessen, Wünsche, Ziele, Hobbies etc., die Sie vernachlässigen? Zum Beispiel gemeinsame Bedürfnisse, die zu kurz kommen? Gemeinsame Interessen, für die Sie keine Zeit übrig haben oder für die Sie sich einfach zu wenig Zeit nehmen? Gemeinsame Wünsche, die vielleicht in Vergessenheit geraten sind oder die einfach an Bedeutung eingebüßt haben? Gemeinsame Ziele, die Sie aus den Augen verloren haben? Gemeinsame Hobbies, denen Sie sich zu wenig widmen? Gemeinsame Freizeitgestaltungen, die Sie zu wenig unternehmen? Sprechen Sie mit Ihrem Partner darüber und suchen Sie nach Möglichkeiten, Ihren Gemeinsamkeiten künftig mehr Aufmerksamkeit zu schenken bzw. einfach mehr miteinander zu unternehmen.

(Nehmen Sie sich heute oder in den nächsten Tagen etwas Zeit und sprechen Sie gemeinsam darüber!)

24. August

Übung zur Beziehungspflege: Für die Stabilisierung einer Beziehung ist es sehr heilsam, wenn sich beide an der Beziehung Beteiligten immer wieder fragen, ob sie genügend Bereitschaft besitzen und Interesse aufbringen, um das gemeinsame WIR-Gefühl zu entwickeln und zu pflegen!

Woran erkennen wir beide selbst, ob es zwischen uns ein intaktes gemeinsames WIR gibt? Woran erkennen andere, ob zwischen uns beiden ein WIR-Gefühl existiert? Wie können wir unser gemeinsames WIR intensivieren bzw. weiterhin pflegen?

(Nehmen Sie sich ein wenig Zeit, machen Sie sich Gedanken zu diesen Fragen und sammeln Sie gemeinsam Ideen dazu!)

25. August

Denkimpuls: Wenn unser Partner nicht so denkt, fühlt oder handelt, wie wir es für richtig halten, entstehen aufgrund unerfüllter Bedürfnisse unangenehme Gefühle in uns. Weil Gefühle schneller sind als Gedanken, werden Gefühle häufig auch mit Gedanken verwechselt. Wir nehmen dann nur das Gefühl wahr und lassen das Denken einfach sein. Irrtümlich glauben wir dann, an dem Ärger, den uns unsere unerfüllten Bedürfnisse bescheren, sei der Partner schuld. Wir reflektieren dann nicht, dass wir selbst auch nichts anderes tun können als unser Partner und jeder andere Mensch auch. Nämlich gemäß unserer Bedürfnisse, Interessen, Kompetenzen und momentanen Befindlichkeiten zu denken, zu fühlen und zu handeln. Wir selbst können genauso wenig nur so agieren, wie es für den Partner oder andere passend oder erfreulich wäre.

(Lassen Sie diesen Denkimpuls einfach auf sich wirken!)

119

26. August

Denkimpuls: Treue ist ein wichtiger Grundpfeiler in vielen Beziehungen. Dazu nachfolgend ein paar Gedanken eines glücklichen Paares:

„Für uns beide ist Treue eine wichtige Säule in unserer Beziehung. Uns ist bewusst, dass es durchaus passieren kann, dass man – obwohl man in einer festen Paarbeziehung lebt – Menschen begegnet, die man attraktiv oder auch erotisch anziehend findet. Das ist nicht so, weil man ein schlechter Mensch ist, sondern weil Menschen nun einmal von Natur aus sexuelle Wesen sind, die Bedürfnisse und Begehren haben, die nach Erfüllung drängen."

„Weil wir wissen, was wir aneinander haben, was uns unsere Liebe bedeutet und wert ist, lassen wir uns auf solche Gefahren erst gar nicht ein bzw. distanzieren uns rechtzeitig von ihnen. Uns ist bewusst, dass eine Beziehung vor etwaigen „Gefahren" von außen geschützt und gegen sie verteidigt werden muss."

(Lassen Sie diesen Denkimpuls einfach auf sich wirken!)

27. August

Zufriedenheitsbarometer: Auf einer Zahlenskala von 1 bis 10 (1 = gar nicht zufrieden, 10 = sehr zufrieden), wie zufrieden sind wir aktuell miteinander? Wie zufrieden bin ich? Wie zufrieden bist du? Sind wir restlos zufrieden oder gibt es etwas, womit sich unsere Zufriedenheit steigern lässt? Wenn ja, was wollen wir diesbezüglich tun?

(Nehmen Sie sich ein wenig Zeit und sprechen Sie gemeinsam darüber!)

120

28. August

Denkimpuls: Für Harmonie, Zweisamkeit und Liebe in einer Beziehung ist es sehr heilsam, wenn sich beide an der Beziehung Beteiligten immer wieder fragen, ob sie ihrem Partner mit genügend Respekt und Achtung begegnen!

(Lassen Sie diesen Denkimpuls einfach auf sich wirken!)

29. August

Denkimpuls: Ich weiß, dass du dich nicht geliebt fühlst, wenn ich dir nicht – im Rahmen unserer Beziehung – die Freiheit lasse, dich als der Mensch entwickeln und entfalten zu können, der du bist, sein willst oder werden möchtest.

(Lassen Sie diesen Denkimpuls einfach auf sich wirken!)

30. August

Denkimpuls: Dem Partner gegenüber laut oder aggressiv zu werden, wirkt sich negativ auf jede Beziehung aus!

(Lassen Sie diesen Denkimpuls einfach auf sich wirken!)

31. August

Monatsrückblick: Haben wir diesen Monat jeden Tag konsequent unseren Paarkalender zur Hand genommen oder zumindest versäumte Tage nachgearbeitet? Haben sich die Denkimpulse und Übungen in irgendeiner Form auf mein/dein/unser Denken, Fühlen und Handeln ausgewirkt? Welche Erkenntnisse haben wir gewonnen? Hat sich die Qualität unserer Beziehung in irgendeiner Form verändert?

(Nehmen Sie sich ein wenig Zeit und sprechen Sie gemeinsam darüber!)

September

01. September

Übung zur Beziehungspflege: Was können wir heute Gutes für unsere Zweisamkeit tun: Es kann etwas ganz Kleines sein, wie beispielsweise, dass wir uns ein wenig Zeit nehmen, um in aller Ruhe zusammen Mittagspause zu machen. Oder wir haben heute etwas mehr Zeit und wir gehen beispielsweise gemeinsam Tanzen oder was auch immer uns dazu einfällt und auf was wir beide uns einigen können.

(Nehmen Sie sich ein wenig Zeit und machen Sie sich gemeinsam Gedanken! Treffen Sie Ihre Entscheidung!)

02. September

Denkimpuls: Wenn ich meinen Partner für sein Denken, Fühlen und Handeln kritisiere, teile ich ihm dadurch mit, dass ich ihn nicht als den Menschen respektiere oder anerkenne, der er ist. Er kann sich dann nur ungeliebt fühlen.

(Lassen Sie diesen Denkimpuls einfach auf sich wirken!)

03. September

Übung zur Beziehungspflege: Was können wir heute Schönes tun? Vielleicht haben wir heute nur Zeit für etwas ganz Kleines, etwa um eine Tasse Tee zusammen zu trinken? Vielleicht haben wir aber heute auch mehr Zeit? Vielleicht für einen schönen Spaziergang im Wald oder was auch immer?

(Machen Sie sich gemeinsam darüber Gedanken und treffen Sie eine Entscheidung!)

122

04. September

Denkimpuls: Für eine glückliche Beziehung ist es wichtig, gewaltfrei miteinander umzugehen. Das heißt, auf eine Weise miteinander zu kommunizieren, die ohne Zwang, Bevormundung, Manipulation, Rechthaberei, Machtstreben und andere gewaltsame Übergriffe auskommt.

(Lassen Sie diesen Denkimpuls einfach auf sich wirken!)

05. September

Denkimpuls: Jede Beziehung braucht Schutz. Ein Aspekt dieses Schutzes ist die Pflege der Beziehung. Wenn beide den Wert, die Basis, den Rahmen, die Absprachen und Ziele ihrer Beziehung kennen und entsprechend bewusst miteinander umgehen, pflegen und schützen sie damit das, was sie miteinander haben und aufrechterhalten wollen. (Siehe auch Seite 19 unter: „Vom Schutz einer Beziehung" sowie auch Seite 21 unter: „Vom Rahmen einer Beziehung"!)

(Lassen Sie diesen Denkimpuls einfach auf sich wirken!)

06. September

Übung zur Beziehungspflege: Entwickeln Sie heute einmal selbst eine Übung zur Beziehungspflege. Fällt Ihnen etwas ein, was Ihnen für die Intensivierung, Aktivierung oder Entwicklung Ihrer gemeinsamen Beziehung sinnvoll erscheint?

(Verbringen Sie einfach ein paar Minuten zusammen, um sich darüber Gedanken zu machen! Vielleicht finden oder kreieren Sie eine neue Idee!? Wenn nicht, haben Sie dennoch ein bisschen Zeit gemeinsam über etwas nachgedacht. Auch das allein verbindet und fördert das Gefühl von Zweisamkeit!)

123

07. September

Denkimpuls: Schon die kleinsten Gesten der Zuneigung, wirken sich positiv auf eine Beziehung aus!

(Lassen Sie diesen Denkimpuls einfach auf sich wirken!)

08. September

Denkimpuls: Was mir gefällt, mich interessiert oder mich erfreut, kann zu dem, was dir gefällt, dich interessiert oder dich erfreut unterschiedlich sein. Auch wenn das manchmal für den jeweils anderen ärgerlich sein mag, gehört der Ärger deshalb noch lange nicht auf das Schuldkonto des jeweils anderen.

Wenn der eine Weiß mag und der andere Schwarz, mag das ärgerlich oder manchmal vielleicht sogar schmerzlich für einen oder beide Beteiligten sein, aber keiner von beiden ist an diesem Unterschied mehr oder weniger beteiligt als der andere. Das Konto auf das der Ärger gehört, könnte heißen: „Es-ist-im-Leben-nicht-immer-alles-so-wie-man-es-gerne-hätte" oder „Ich-bin-nicht-du-und-du-bist-nicht-ich-und-das-ist-okay".

(Lassen Sie diesen Denkimpuls einfach auf sich wirken!)

09. September

Denkimpuls: Missbrauch von Vertrauen wirkt sich in Beziehungen häufig zerstörerisch aus. Aber erst wenn man den Rahmen einer Beziehung genau absteckt bzw. festlegt, weiß man auch, an welche Regeln und Erwartungen man sich zu halten hat und wann man Vertrauen missbraucht. (Siehe auch Seite 21 unter: „Vom Rahmen einer Beziehung")

(Lassen Sie diesen Denkimpuls einfach auf sich wirken!)

10. September

Denkimpuls: „Wenn du weniger Lust auf Sex hast als ich, dann liebst du mich wahrscheinlich gar nicht mehr richtig", „wenn du mehr Lust auf Sex hast als ich, dann geht es dir scheinbar mehr um deine Triebbefriedigung, als um deine Liebe zu mir!"

Solche Aussagen sind Irrtümer, denen ein Mangel an Empathie und Verständnis zugrunde liegt. Nur ein interessierter, gleichberechtigter Umgang miteinander, macht es möglich, solchen Fehlinterpretationen auf die Schliche zu kommen. Wer solche undifferenzierten Annahmen nicht entlarvt, hat es schwer, eine Beziehung zu pflegen, die von Respekt, Wertschätzung und Liebe getragen wird. Wenn der eine ein anderes Bedürfnis hat, als der andere, hat das nichts damit zu tun, wie sehr er den anderen liebt oder nicht. Es ist ganz natürlich, dass Menschen unterschiedliche Befindlichkeiten, Interessen, Vorstellungen, Prioritäten etc. haben.

(Lassen Sie diesen Denkimpuls einfach auf sich wirken!)

11. September

Denkimpuls: Wenn zwei Menschen unterschiedlicher Meinung sind, ist es durchaus legitim, wenn sie über die unterschiedlichen Auffassungen miteinander diskutieren und versuchen, den jeweils anderen von der eigenen Sicht der Dinge zu überzeugen. Wenn das nicht gelingt, ist es gut, wenn jedem vom anderen die eigene Sicht der Dinge zugestanden werden kann. Für eine harmonische Zweisamkeit ist es schädlich, dem jeweils anderen die eigene Sicht als die bessere aufdrängen zu wollen oder gar die Sicht des anderen bewusst abzuwerten.

(Lassen Sie diesen Denkimpuls einfach auf sich wirken!)

12. September

Übung zur Beziehungspflege: Welche Freunde von mir, dir oder uns beiden würden sich freuen, wenn wir uns heute oder in den nächsten Tagen mal wieder bei ihnen melden – vielleicht sogar fragen, ob sie Lust haben, mal wieder etwas gemeinsam mit uns zu unternehmen?

(Nehmen Sie sich ein wenig Zeit und entscheiden Sie gemeinsam, wen Sie kontaktieren möchten!)

13. September

Übung zur Beziehungspflege: Sehr viele Beziehungen zerbrechen an Streitigkeiten um das liebe Geld. Es ist sinnvoll, gemeinsam über finanzielle Angelegenheiten zu sprechen und nach einer Einigung zu suchen, mit der beide leben können. Wie viel Geld haben wir für was im Monat zur Verfügung? Wie viel können wir ausgeben? Wofür wollen wir sparen? Welche Ausgaben sind nötig? Welche nicht? etc.

(Setzen Sie sich heute oder in den nächsten Tagen ein wenig zusammen und sprechen Sie über dieses Thema! Notieren Sie Ihre Überlegungen und Vereinbarungen auf einem Blatt Papier und bewahren Sie es auf!)

14. September

Denkimpuls: Insbesondere dann, wenn wir meinen, gar kein Verständnis für den anderen zu haben, wirkt es sich positiv auf unsere Beziehung aus, wenn wir ihm dann trotzdem zuhören und versuchen, ihn dennoch zu verstehen!

(Lassen Sie diesen Denkimpuls einfach auf sich wirken!)

126

15. September

Denkimpuls: Klare Absprachen sind Gold wert! Wie man es nicht macht: A sagt zu B: „Ich möchte, dass wir künftig das Geschirr sofort nach Gebrauch in die Spülmaschine räumen!" B hält sich nicht daran und A macht B Vorwürfe: „Nie hältst du dich an eine Abmachung!" Tatsächlich gab es hier aber gar keine Abmachung! Es gab nur eine Anweisung! Besser wäre es so: A fragt: „Was hältst du davon, künftig Geschirr gleich nach Gebrauch in die Spülmaschine zu räumen?" B sagt: „Ja, das fände ich gut!" A fragt: „Okay, wollen wir das also ab jetzt so machen?" B sagt: „Ja gerne!"

(Lassen Sie diesen Denkimpuls einfach auf sich wirken!)

16. September

Übung zur Beziehungspflege: Was können wir heute Schönes / Verbindendes / Bereicherndes / Liebevolles miteinander unternehmen? Je nachdem wie viel Zeit wir heute haben, können wir etwas ganz Kleines unternehmen, wie etwa am Abend vor dem Zu-Bett-Gehen erst noch einmal zehn Minuten kuscheln, am Mittag in Ruhe einen Kaffee zusammen trinken, oder etwas Größeres, wie z.B. am Abend ins Kino gehen oder sich mit Freunden treffen!

(Selbst wenn Sie heute nur drei Minuten Zeit für eine Gemeinsamkeit finden sollten, wird Ihnen sicher etwas einfallen!)

17. September

Denkimpuls: Lebensfreude ist ein wichtiger Grundpfeiler in glücklichen Beziehungen? Haben wir genug Freude in unserem Alltag? Oder könnten wir künftig etwas bewusster darauf achten, mehr Dinge zu tun, die uns Freude machen?

(Lassen Sie diesen Denkimpuls einfach auf sich wirken!)

18. September

Übung zur Beziehungspflege: Sich gemeinsam für Gesundheit und Fitness zu interessieren, wie z.B. sich zusammen zu bewegen bzw. sich körperlich zu betätigen (Wandern, Laufen, Radfahren, Schwimmen, Tanzen, Trainieren etc.) oder gemeinsam auf die Ernährung zu achten etc. wirkt sich sehr positiv auf die Gefühle von Verbundenheit und Zweisamkeit aus!

(Verbringen Sie ein wenig Zeit zusammen und sprechen Sie darüber, ob Sie diesbezüglich zufrieden sind oder ob Sie etwas verändern möchten!)

19. September

Denkimpuls: Vieles, was unser Partner für uns tut oder an positiven Aspekten in unsere Beziehung einbringt, halten wir mit der Zeit für selbstverständlich. Tatsächlich ist es das aber nicht. Manches halten wir nicht nur für selbstverständlich, sondern wir bekommen schon gar nicht mehr mit, dass all diese Dinge überhaupt vorhanden sind. Leider empfinden wir für alles, was wir mit der Zeit für selbstverständlich halten, auch keine Dankbarkeit mehr. Hierfür ein Bewusstsein zu entwickeln, künftig achtsamer zu sein, genauer hinzuschauen, die vermeintlichen Selbstverständlichkeiten wieder wahrzunehmen und dafür Dankbarkeit zum Ausdruck zu bringen, stabilisiert jede Paarbeziehung und intensiviert das emotionale Band zwischen beiden Beteiligten!

(Lassen Sie diesen Denkimpuls einfach auf sich wirken!)

20. September

Denkimpuls: Wir wissen, dass wir unserer Liebe die Grundlage entziehen, wenn wir nicht darauf achten, uns mit Respekt und Wohlwollen zu begegnen.

(Lassen Sie diesen Denkimpuls einfach auf sich wirken!)

128

21. September

Übung zur Beziehungspflege: Welchen gemeinsamen Schatz möchten wir heute unserer Beziehungs-Schatzkiste hinzufügen? (Siehe „Die Beziehungs-Schatzkiste" Seite 22)

22. September

Denkimpuls: Respekt und Achtung sind wichtige, sich wechselseitig bedingende menschliche Grundbedürfnisse. Für eine glückliche Beziehung stellen sie wichtige Basisbausteine dar! Respektieren und achten sich zwei Menschen im Großen und Ganzen gegenseitig nicht so, wie sie sind, können Zweisamkeit, Harmonie und Liebe mit der Zeit nur verloren gehen.

(Lassen Sie diesen Denkimpuls einfach auf sich wirken!)

23. September

Denkimpuls: Stiller Ärger ist Gift für jede Beziehung. Anstatt den Ärger immer runterzuschlucken, darf in einer glücklichen Beziehung natürlich auch mal ein Streit vorkommen. Weil Menschen unterschiedlich denken, fühlen und handeln, ist das sowieso kaum zu vermeiden. Wichtig ist jedoch, darauf zu achten, wie gestritten wird. Sprechen Sie erst dann miteinander, wenn die negativen Emotionen abgeklungen sind! Bleiben Sie sachlich und respektvoll! Halten Sie Ihr Ziel im Auge. Mit Vorwürfen und Anschuldigungen erreichen Sie in der Regel eher das Gegenteil! Vermeiden Sie Sätze wie: „immer tust du ...", „nie bist du ...", „aber du ...!" Schließen Sie mit dem Thema dann möglichst ab! Also fangen Sie nicht in einigen Tagen wieder an, über das gleiche Thema zu streiten! Vermeiden Sie auch unbedingt, sich vor anderen zu streiten!

(Lassen Sie diesen Denkimpuls einfach auf sich wirken!)

24. September

Denkimpuls: Wertschätzung und Anerkennung sind der Schlüssel für eine glückliche Beziehung. Geringschätzung und Gleichgültigkeit hingegen sind zerstörerisches Gift für die gemeinsame Liebe.

Wenn wir meinen, wir seien besser, wichtiger, berechtigter, ehrenwerter, etc. als unser Partner, neigen wir dazu, ihm ständig das Gefühl zu geben, er müsse sich unseren eigenen Vorstellungen anpassen oder unterordnen. Solch ein Umgang ist genau das Gegenteil von dem, was wir uns eigentlich von einem Partner wünschen. Wir wünschen uns, der Mensch sein zu können, der wir sind. Wir wünschen uns nicht, gesagt zu bekommen, dass wir so, wie wir sind, nicht in Ordnung sind und uns ändern sollen.

(Lassen Sie diesen Denkimpuls einfach auf sich wirken!)

25. September

Übung zur Beziehungspflege: Rituale, die in einer Beziehung fest integriert sind, können das Gefühl von Vertrautheit, Nähe, Verbundenheit und Anerkennung sehr positiv beeinflussen! Ein besonders wirksames Ritual ist ein Dankbarkeitsritual. Das kann z.B. wie folgt aussehen: Beide Partner sagen sich 1 x täglich oder in einem Turnus ihrer Wahl, wofür sie dem jeweils anderen dankbar sind! Nicht jedem fällt es leicht, so etwas auszusprechen. Manchem fällt es leichter, etwas aufzuschreiben! Das könnte dann wie folgt aussehen: Jeder steckt dem Partner im vereinbarten Turnus einen Zettel zu, auf dem steht, wofür man ihm dankbar ist!

(Überlegen Sie beide: Möchten Sie dieses Ritual fest in Ihre Beziehung integrieren oder es nur heute durchführen?)

130

26. September

Denkimpuls: Wenn wir das, wofür sich unser Partner interessiert und was ihm Freude macht, nicht als zu ihm gehörend anerkennen und uns womöglich noch lustig über seine Interessen und Neigungen machen, ist das ein unsozialer, gewaltsamer Übergriff auf seine Seele und Würde. Es ist eine Geringschätzung, die jeder Beziehung schadet!

(Lassen Sie diesen Denkimpuls einfach auf sich wirken!)

27. September

Denkimpuls: Grundlegend für gemeinsames Glück ist, sich gegenseitig mit genügend Empathie und Verständnis zu begegnen.

Wenn der andere nicht so denkt, fühlt und handelt, wie es uns passt oder wie wir es uns wünschen, dann muss uns klar sein, dass der andere nicht anders denkt, fühlt und handelt, um uns zu missfallen, sondern weil er seine eigene Sicht auf alles hat. Wir sollten uns nicht gegenseitig kritisieren, sondern versuchen, uns jeweils in den anderen einzufühlen und Verständnis dafür zu entwickeln, dass er manches anders sieht, fühlt und macht als wir selbst.

Ist uns beiden klar, dass sich jeder vom jeweils anderen Empathie und Verständnis wünscht?

Ist uns beiden klar, dass ein Mangel an Empathie und Verständnis unsere Liebe und Zweisamkeit zerstört?

Ist es uns beiden wichtig, darauf zu achten, einander mit genügend Empathie und Verständnis zu begegnen?

(Lassen Sie diesen Denkimpuls einfach auf sich wirken!)

131

28. September

Denkimpuls: Blättern Sie zur Seite 14 zurück! Lesen Sie dort den Beitrag: „Von wertschätzender Kommunikation"!

(Lassen Sie das Gelesene einfach auf sich wirken!)

29. September

Übung zur Beziehungspflege: Was halte ich für meine größte Stärke? Was hältst du für meine größte Stärke? Was hältst du für deine größte Stärke? Was halte ich für deine größte Stärke?

Verbringen Sie ein wenig Zeit zusammen und teilen Sie einander Ihre Gedanken dazu mit!

Diskutieren Sie nicht! Korrigieren Sie Ihren Partner nicht, wenn Sie eine andere Einschätzung von sich oder ihm haben! Hören Sie sich einfach nur interessiert zu!

(Lassen Sie dann einfach alles auf sich wirken!)

30. September

Monatsrückblick: Haben wir diesen Monat jeden Tag konsequent unseren Paarkalender zur Hand genommen oder zumindest versäumte Tage nachgearbeitet? Haben sich die Denkimpulse und Übungen in irgendeiner Form auf mein/dein/unser Denken, Fühlen und Handeln ausgewirkt? Welche Erkenntnisse haben wir gewonnen? Hat sich die Qualität unserer Beziehung in irgendeiner Form verändert?

(Nehmen Sie sich ein wenig Zeit und sprechen Sie gemeinsam darüber!)

Oktober

01. Oktober

Übung zur Beziehungspflege: Was gefällt mir an dir? Was liebe ich an dir? Das kann etwas ganz Alltägliches oder einfach nur Menschliches sein, wie etwa „Mir gefällt an dir, dass du so schöne Augen hast!" „Mir gefällt an dir, dass du so ein herzlicher Mensch bist!" „Ich liebe die Art, wie du läufst, lachst, mit anderen Menschen umgehst!" etc.

Es kann grundsätzlich alles benannt werden, was der Wahrheit entspricht! Es geht nicht um die Aufzählung möglichst vieler Aspekte, die Sie aneinander mögen oder lieben. Nennen Sie nur eine einzige Sache. Es muss auch nicht wie aus der Pistole geschossen aus Ihnen herausplatzen.

(Nehmen Sie sich für diese Übung kurz Zeit! Wenn Sie möchten, können Sie diese auch zu einem regelmäßigen Ritual werden lassen. Machen Sie die Übung dann beispielsweise 1 x täglich oder 1 x wöchentlich immer zur gleichen Zeit oder in welchem Rhythmus Sie es möchten!)

02. Oktober

Denkimpuls: Wann haben Sie zuletzt Ihrem Partner das Gefühl gegeben, dass Sie mit ihm nicht zufrieden sind und dass er sich doch bitte ändern soll? Ist Ihnen klar, dass Sie Ihrem Partner damit signalisierten, er dürfe nicht der Mensch sein, der er ist? Ist Ihnen bewusst, dass Sie ihn mit Ihrer Aussage darüber informiert haben, dass Sie ihn so, wie er ist, nicht als gleichberechtigt und autonom anerkennen?

(Lassen Sie diesen Denkimpuls einfach auf sich wirken!)

03. Oktober

Übung zur Beziehungspflege: Was können wir heute oder in der nächsten Zeit einmal – für unsere Verhältnisse – Verrücktes, Außergewöhnliches oder Neues ausprobieren? Es kann etwas ganz Kleines, Unaufwändiges sein oder falls wir mehr Zeit finden, auch gerne etwas Größeres und Aufwändigeres!

(Nehmen Sie sich ein wenig Zeit, sprechen Sie gemeinsam darüber und treffen Sie eine Entscheidung!)

04. Oktober

Übung zur Beziehungspflege: Was ist das Traurigste, das ich mit dir gemeinsam erlebt habe? Was ist das Traurigste, das du gemeinsam mit mir erlebt hast?

(Verbringen Sie ein wenig Zeit zusammen und teilen Sie einander Ihre Gedanken dazu mit!)

05. Oktober

Übung zur Beziehungspflege: Was können wir heute Schönes / Verbindendes / Bereicherndes / Liebevolles miteinander unternehmen? Je nachdem wie viel Zeit wir heute haben, können wir etwas ganz Kleines machen, wie etwa zusammen den neuesten Hit unserer Lieblingsband auf CD oder YouTube hören; einen Tee zusammen trinken; oder etwas Größeres, wie z.B. eine Fahrradtour!

(Selbst wenn Sie heute nur drei Minuten Zeit für eine Gemeinsamkeit finden sollten, wird es Ihnen sicher möglich sein, sich etwas einfallen zu lassen!)

134

06. Oktober

Denkimpuls: Den Partner in Anwesenheit anderer respektlos oder geringschätzend zu behandeln, wirkt sich ganz besonders negativ auf eine Beziehung aus!

(Lassen Sie diesen Denkimpuls einfach auf sich wirken!)

07. Oktober

Denkimpuls: Geben wir unserem Partner den Raum, den er für seine Entwicklung und Entfaltung braucht? Gestatten wir ihm der Mensch zu sein, der er ist und sein möchte? Oder stellen wir ihm diesen Raum nicht zur Verfügung? Gestatten wir ihm nicht, der Mensch zu sein, der er ist und sein möchte?

(Lassen Sie diesen Denkimpuls einfach auf sich wirken!)

08. Oktober

Übung zur Beziehungspflege: Einer der vier Grundpfeiler aller menschlichen Bedürfnisse ist das Bedürfnis nach Selbstwert (Selbstwerterhaltung und Selbstwerterhöhung)!

Was kann ich für mein Bedürfnis nach Selbstwert tun? Was kannst du für dein Bedürfnis nach Selbstwert tun?

Und insbesondere: Wie kann ich dich dabei unterstützen, dein Selbstwertgefühl zu nähren? Wie kannst du mich dabei unterstützen, meinen Selbstwert zu nähren?

(Nehmen Sie sich ein wenig Zeit und machen Sie sich gemeinsam darüber Gedanken! Dann lassen Sie einfach alles auf sich wirken!)

09. Oktober

Übung zur Beziehungspflege: Was können wir heute Gutes für unsere Zweisamkeit tun: Es kann etwas ganz Kleines sein, wie beispielsweise, dass wir uns ein wenig Zeit nehmen, um in aller Ruhe zusammen ein paar Minuten über irgendetwas zu reden. Oder wir haben heute etwas mehr Zeit und wir gehen beispielsweise gemeinsam Joggen oder was auch immer uns dazu einfällt und auf was wir beide uns einigen können.

(Nehmen Sie sich ein paar Minuten Zeit und machen Sie sich gemeinsam Gedanken! Treffen Sie eine Entscheidung!)

10. Oktober

Denkimpuls: Wenn unsere Bedürfnisse unerfüllt sind, beschert uns das unangenehme Gefühle. Negative Gefühle haben großen Einfluss auf unsere Fähigkeit, gerecht und sachlich zu denken. Anstatt wir gerecht sowie sachlich denken und angemessen urteilen, sorgt das unangenehme Gefühl dafür, dass wir zu einem unüberlegten, nur von unserem Gefühl geleiteten, unangemessenen Vorurteil kommen. Z.B. ärgern wir uns, dass der Partner etwas gesagt oder getan hat, was wir nicht gut finden. Anstatt wir dann sofort dazu in der Lage sind, unseren Kopf zu benutzen und zu erkennen, dass der Partner nicht die Absicht hatte, uns zu verärgern, sondern nur entsprechend seiner Bedürfnisse gehandelt hat, verhindert unser unangenehmes Gefühl diesen Denkprozess. Das negative Gefühl dominiert unseren Verstand. Es lässt uns irrtümlich glauben, unser Partner sei für unseren Schmerz verantwortlich. Wir meinen dann, wir hätten das Recht, ihn dafür zu beschuldigen. In Wahrheit haben wir bloß unser Gefühl nicht genauer hinterfragt!

(Lassen Sie diesen Denkimpuls einfach auf sich wirken!)

11. Oktober

Denkimpuls: Wenn sich unterschiedliche Lebensziele oder Interessen etc. nicht von Vornherein gegenseitig komplett ausschließen, wie etwa der Wunsch nach Treue und der Wunsch nach erotischen Abenteuern, ist es immer möglich, beide Positionen unter einen Hut zu bekommen.

Aber ganz gleich, welche Unterschiede vorliegen, ob sie sich nun von vornherein ausschließen oder nicht, es ist immer gewaltsam und unreflektiert, sich deswegen respektlos zu streiten, zu beschuldigen, zu bevormunden etc. Niemand kann etwas dafür, welche Bedürfnisse, Denkgebäude, Gefühlswelten und Handlungskompetenzen er in sich findet! Wenn das Denken, Fühlen und Handeln des einen nicht zum anderen passt, sind an dieser Unterschiedlichkeit beide zu gleichen Teilen beteiligt!

(Lassen Sie diesen Denkimpuls einfach auf sich wirken!)

12. Oktober

Denkimpuls: Blättern Sie zur Seite 14 zurück! Lesen Sie dort den Beitrag unter der Überschrift: „Von Vertrauen"!

(Lassen Sie das Gelesene dann einfach auf sich wirken!)

13. Oktober

Denkimpuls: Schon ein paar wenige kleine Worte der Anerkennung und kleinste Gesten der Zuneigung wirken wahre Wunder in jeder Partnerschaft.

(Lassen Sie diesen Denkimpuls einfach auf sich wirken!)

14. Oktober

Bindungsbarometer: Auf einer Skala von 1 bis 10 (1 = sehr schwach, 10 = sehr stark), wie sehr fühlen wir uns aktuell miteinander verbunden bzw. in Kontakt? Ist das Bedürfnis nach Bindung bzw. Verbindung restlos erfüllt? Wenn nein, was können wir tun, damit wir uns verbundener fühlen?

(Nehmen Sie sich ein wenig Zeit und sprechen Sie gemeinsam darüber!)

15. Oktober

Denkimpuls: Sexualität ist ein wichtiger Grundpfeiler in glücklichen Beziehungen. In langjährigen Beziehungen nährt sich das Bedürfnis nach Sexualität oft von der Harmonie und der Zufriedenheit, die ein Paar miteinander erleben. Sexuelle Lust aufeinander lässt sich nicht erzwingen. Wenn wir uns mit unserem Partner wohlfühlen und gut miteinander umgehen, nähren wir damit die Bedürfnisse nach Liebe und Sexualität. Fühlen wir uns weniger wohl und gehen wir weniger achtsam miteinander um, können die Bedürfnisse nach Liebe und Sexualität erheblich leiden und abnehmen.

Wir stärken unsere Liebe und Lust, wenn wir uns gegenseitig schätzen, achten und uns gegenseitig das Gefühl geben, gesehen und anerkannt zu werden.

Wir stärken unsere Sexualität auch dadurch, dass wir uns Fehler vergeben, uns Vertrauen schenken, uns pflegen, auf unser Äußeres achten und viele interessante Dinge miteinander tun bzw. unternehmen.

(Lassen Sie diesen Denkimpuls einfach auf sich wirken!)

138

16. Oktober

Denkimpuls: Bevormunden wir uns gegenseitig, beweisen wir damit, dass wir den jeweils anderen nicht als gleichberechtigt anerkennen und geringschätzen. Geringschätzung ist jedoch das gefährlichste Beziehungsgift!

(Lassen Sie diesen Denkimpuls einfach auf sich wirken!)

17. Oktober

Übung zur Beziehungspflege: Können wir heute oder in den nächsten Tagen einmal einen Entspannungstag einlegen? Einfach einmal einen Tag für uns reservieren, an dem wir uns nichts weiter vornehmen? Keine Hausarbeit? Keine Verpflichtungen? Keine telefonische Erreichbarkeit? Einfach nur gemeinsam gemütlich in den Tag hineinleben und es uns gut gehen lassen? Vielleicht sogar den ganzen Tag im Bett bleiben oder was immer zur Pflege inniger Zweisamkeit förderlich wäre?

(Machen Sie sich gemeinsam darüber Gedanken und treffen Sie eine Entscheidung!)

18. Oktober

Übung zur Beziehungspflege: Haben wir ein interessantes gemeinsames Hobby und widmen wir diesem genügend Zeit? Wenn nicht, gibt es etwas, das uns beiden Freude bereitet und das wir regelmäßig gemeinsam tun können? Als Hobby oder einfach als Freizeitaktivität?

(Nehmen Sie sich etwas Zeit, machen Sie sich gemeinsam Gedanken. Zu welcher Entscheidung kommen Sie?)

19. Oktober

Denkimpuls: Jeder Mensch hat eigene Bedürfnisse und Interessen. Wenn Bedürfnisse unerfüllt bleiben, entstehen unangenehme Gefühle. Wenn Bedürfnisse erfüllt werden, entstehen angenehme Gefühle. Wir alle brauchen deshalb einen Partner an unserer Seite, der versteht, dass wir uns nur glücklich fühlen können, wenn unsere Bedürfnisse und Interessen nicht vom jeweils anderen kritisiert, verurteilt, beschnitten und verhindert werden!

(Lassen Sie diesen Denkimpuls einfach auf sich wirken!)

20. Oktober

Denkimpuls: Interesse am jeweils anderen zu zeigen, wirkt sich positiv auf jede Beziehung aus!

(Lassen Sie diesen Denkimpuls einfach auf sich wirken!) !

21. Oktober

Denkimpuls: Wenn wir uns einmal nicht über eine unterschiedliche Meinung bzw. Position einig werden, ist das auch okay. Keiner von uns sollte sich für berechtigt halten, dem jeweils anderen die eigene Meinung aufzudrängen.

(Lassen Sie diesen Denkimpuls einfach auf sich wirken!)

22. Oktober

Denkimpuls: Für Harmonie, Zweisamkeit und Liebe in einer Beziehung ist es sehr heilsam, wenn sich beide Beteiligten immer wieder fragen, ob sie ihrem Partner mit genügend Verständnis begegnen!

(Lassen Sie diesen Denkimpuls einfach auf sich wirken!)

23. Oktober

Übung zur Beziehungspflege: Welche Unternehmung würde uns beiden heute oder in den nächsten Tagen Freude machen? Was unternehmen wir gemeinsam, weil es uns beide interessiert? Oder was unternehmen wir gemeinsam, obwohl es vielleicht nur einem von uns beiden wirklich wichtig ist, der andere aber trotzdem gerne als Begleitung mitgeht, weil es einfach schön ist, Dinge gemeinsam zu tun?

(Machen Sie sich gemeinsam darüber Gedanken und treffen Sie eine Entscheidung!)

24. Oktober

Denkimpuls: Grundlegend für eine glückliche Beziehung ist eine wertschätzende Kommunikation! Wertschätzende Kommunikation ist die Übersetzung von Schuldzuweisung in Bedürfnissprache. „Nur weil du Egoist mal wieder keinen Bock hattest, mir Bescheid zu geben, dass du erst im Morgengrauen nach Hause kommen wirst, habe ich mir die ganze Nacht schreckliche Sorgen gemacht!" Hinterfragt man diesen Vorwurf / diese Schuldzuweisung, findet man heraus, welche unerfüllten Bedürfnisse hinter solch einer anklagenden Aussage liegen. Hier spielen vermutlich die Bedürfnisse nach Harmonie, Sicherheit, Respekt, Fürsorge etc. eine Rolle. Wertschätzender, beziehungserhaltender und zielführender als diese Bedürfnisse in Vorwürfe etc. zu verpacken, ist es, wenn man sie direkt ausspricht: „Mein Schatz, ich habe mir schreckliche Sorgen gemacht. Damit ich weiß, dass alles in Ordnung ist und ich mir keine Sorgen mache, wünsche ich mir, dass du mir künftig Bescheid sagst, wenn es später wird. Kannst du das nachwollziehen? Können wir das so machen?"

(Lassen Sie diesen Denkimpuls einfach auf sich wirken!)

25. Oktober

Übung zur Beziehungspflege: Es gibt Alltagsroutine, die uns das Leben erleichtert, weil wir nicht immer wieder neu über alles nachdenken müssen und dadurch vieles automatisch abläuft. Es gibt aber auch Alltagsroutine, die unser Leben beschwert, weil sie es langweilig werden lässt. Wo macht Alltagsroutine unser Leben langweilig und was können wir dagegen tun?

(Machen Sie sich mindestens ein paar Minuten gemeinsam Gedanken darüber und treffen Sie eine Entscheidung!)

26. Oktober

Denkimpuls: Wenn wir uns über den Partner ärgern, liegt das daran, dass er mit seinem Denken, Fühlen oder Handeln unsere Bedürfnisse in Form von Erwartungen und Ansprüchen nicht erfüllt. Unerfüllte Bedürfnisse bescheren uns unangenehme Gefühle. Da unser Partner nicht dafür verantwortlich ist, unsere Bedürfnisse zu erfüllen, sondern wir selbst für deren Erfüllung zuständig sind, können wir ihm auch nicht die Schuld für unsere negative Verstimmung in die Schuhe schieben. Der Ärger gehört nicht auf das Konto: „Du-bist-schuld" oder „Wegen-dir-geht-es-mir-jetzt-schlecht" sondern auf das Konto, „Es-ist-nicht-immer-alles-so-wie-man-es-gerne-hätte", oder „Wir-sind-unterschiedlich-aber-daran-ist-keiner-von-uns-beiden-mehr-oder-weniger-betei-ligt-als-der-andere".

(Lassen Sie diesen Denkimpuls einfach auf sich wirken!)

27. Oktober

Übung zur Beziehungspflege: Welchen gemeinsamen Schatz möchten wir heute unserer Beziehungs-Schatzkiste hinzufügen? (Siehe „Die Beziehungs-Schatzkiste" Seite 22)

142

28. Oktober

Denkimpuls: Wenn wir den Partner kritisieren oder ihm etwas vorwerfen, haben wir dafür immer einen positiven Grund. Wir möchten damit etwas – zumindest aus unserer Sicht – Positives erreichen. Wir handeln also nie aus böser Absicht!

Haben Sie in letzter Zeit einmal Ihren Partner kritisiert oder ihm Vorwürfe gemacht? Wenn ja, denken Sie einmal darüber nach, welche Positive Absicht Sie hatten! Es ging Ihnen nicht darum, ihn zu verärgern, sondern Sie wollten erreichen, dass Ihre Bedürfnisse erfüllt werden. Psychologisch betrachtet ist Bedürfniserfüllung für einen selbst immer etwas Positives. Auf einen anderen, der anders denkt, fühlt oder handelt, kann sich das jedoch negativ auswirken!

(Lassen Sie diesen Denkimpuls einfach auf sich wirken!)

29. Oktober

Übung zur Beziehungspflege: Lasse ich dir genügend Raum, der Mensch zu sein, der du bist und sein möchtest, oder fühlst du dich in meiner Gegenwart manchmal blockiert oder kontrolliert? Lässt du mir genügend Raum, um der Mensch zu sein, der ich bin und sein möchte, oder fühle ich mich in deiner Gegenwart manchmal blockiert oder kontrolliert?

Nehmen Sie sich ein wenig Zeit und erzählen Sie sich, wie Sie sich diesbezüglich fühlen! Formulieren Sie respektvoll! Machen Sie sich keine Vorwürfe! Hören Sie sich einfach nur gegenseitig interessiert zu. Bewerten Sie das vom Partner Gesagte nicht! Niemand kann sich aussuchen, wie er sich fühlt. Man kann nur in sich hineinspüren und feststellen, welche Gefühle in einem vorhanden sind!

(Lassen Sie das Gespräch dann einfach auf sich wirken!)

30. Oktober

Übung zur Beziehungspflege: Lassen wir uns in mancherlei Hinsicht zu sehr gehen? Interessiert es uns beispielsweise nicht mehr so sehr, wie wir aussehen? Wie wir gekleidet, frisiert oder gepflegt sind? Wie wir auf unsere Figur und Gesundheit achten? Ob wir für uns und den anderen attraktiv oder interessant erscheinen? Wenn nein, ist bei uns in der Hinsicht alles okay! Wenn ja, finden wir das gut? Möchten wir das so lassen oder etwas verändern?

(Nehmen Sie sich etwas Zeit! Sprechen Sie darüber respektvoll miteinander! Treffen Sie dann Ihre Entscheidungen!)

31. Oktober

Monatsrückblick: Haben wir diesen Monat jeden Tag konsequent unseren Paarkalender zur Hand genommen oder zumindest versäumte Tage nachgearbeitet? Haben sich die Denkimpulse und Übungen in irgendeiner Form auf mein/dein/unser Denken, Fühlen und Handeln ausgewirkt? Welche Erkenntnisse haben wir gewonnen? Hat sich die Qualität unserer Beziehung in irgendeiner Form verändert?

(Nehmen Sie sich ein wenig Zeit und sprechen Sie gemeinsam darüber!)

November

01. November

Denkimpuls: Geliebt kann sich unser Partner von uns nur fühlen, wenn wir ihm das Gefühl vermitteln, dass er so, wie er ist – im Großen und Ganzen – in Ordnung ist.

(Lassen Sie diesen Denkimpuls einfach auf sich wirken!)

144

02. November

Übung zur Beziehungspflege: Menschen reagieren auf Widerspruch sehr häufig mit Gegenwehr. Wir alle möchten schließlich gesehen, wertgeschätzt und verstanden werden. Signalisiert man uns, dass man mit dem, was wir sagen, denken, fühlen oder tun nicht einverstanden ist, finden unsere Bedürfnisse nach Anerkennung und Respekt keine Erfüllung mehr. Die unerfüllten Bedürfnisse bescheren uns dann unangenehme Gefühle. Sofort reagieren wir mit Abwehr und versuchen uns dadurch wieder Gehör und Beachtung zu verschaffen. Schnell kann sich daraus ein nervenaufreibender Streit entwickeln.

Eine recht einfach anzuwendende, aber sehr wirksame Vorbeugemaßnahme gegen solche Wortgefechte kann es sein, wenn man sich im Gespräch mit anderen abgewöhnt, das Wort „ABER" zu benutzen. Das Wort „ABER" ist ein absolutes Reizwort. Es drückt aus, dass man mit dem, was der andere sagt, nicht einverstanden ist. Wenn man anstelle des Wortes „ABER" die Worte „UND ZUGLEICH" benutzt, klingt das ganz anders. Mit „UND ZUGLEICH" wird nicht zum Ausdruck gebracht, dass man mit dem, was der andere sagt, nicht einverstanden ist, sondern man sagt damit nur, dass man es gleichzeitig auch anders sehen kann. Niemand muss sich dadurch direkt angegriffen oder übersehen fühlen!

Nehmen Sie sich ein wenig Zeit und unterhalten Sie sich gemeinsam darüber, ob diese Übung für die Pflege Ihrer Beziehung Sinn machen könnte und ob Sie diese ausprobieren möchten!? Treffen Sie eine Entscheidung!

Falls Sie die Übung ausprobieren möchten, entwickeln Sie einen Plan, wie Sie es schaffen können, sich wirklich umzugewöhnen. Geben Sie sich etwas Zeit. Es wird Ihnen sicher nicht sofort gelingen, sich immer und ausnahmslos daran zu halten!

03. November

Denkimpuls: Das, was man selbst für wahr, richtig, gerechtfertigt, gut oder schlecht hält, ist immer nur die eigene subjektive Sicht der Dinge. Kein Mensch hat genau die gleiche Sicht der Dinge wie ein anderer. Also entspricht das, was wir für wahr, richtig, gerechtfertigt, gut oder schlecht halten nicht einer allgemeingültigen Wahrheit. Es ist eine subjektive Wahrheit. Diese hat nur für einen selbst vollumfänglich Bedeutung. Jeder andere hat graduell eine andere, eigene, subjektive Wahrheit. Es ist daher unsozial, unreflektiert und gewaltsam, die Wahrheit des Partners zu missachten und ihm unsere eigene überzustülpen. Wir selbst wollen ja auch nicht, dass unsere Sicht der Dinge ignoriert wird und uns der Partner seine eigene aufzwängt.

(Lassen Sie diesen Denkimpuls einfach auf sich wirken!)

04. November

Übung zur Beziehungspflege: Wenn ich an dir/du an mir eine Sache ändern könnte/könntest, welche wäre das?

(Nehmen Sie sich ein wenig Zeit und teilen Sie sich diesbezüglich einander mit! Erwarten Sie voneinander nicht, dass der jeweils andere sich nun für Sie ändert! Vielleicht kann er das nicht gleich. Vielleicht kann er es auch niemals! Lassen Sie einfach alles auf sich wirken!)

05. November

Denkimpuls: Jede Beziehung braucht Schutz. Ein Aspekt dieses Schutzes ist: zu wissen, dass jede Beziehung einen Rahmen braucht, innerhalb dessen sich beide Partner frei bewegen und entfalten können. (Gemeinsame Regeln, Vereinbarungen, Wünsche, Vorstellungen, Ziele etc.) (Siehe dazu auch Seite 21 unter: „Vom Rahmen einer Beziehung"!)

(Lassen Sie diesen Denkimpuls einfach auf sich wirken!)

06. November

Übung zur Beziehungspflege: Was können wir heute einmal anders machen als gewohnt oder wie können wir ein bisschen Abwechslung in unsere Alltagsroutine bringen? Je nachdem, wie viel Zeit wir heute zur Verfügung haben, kann es auch ruhig nur eine Kleinigkeit sein, wie etwa das Staubsaugen einmal ausfallen zu lassen und dafür ein kleines Päuschen einzulegen. Oder wir haben Zeit für eine größere Abwechslung, wie beispielsweise eine gemeinsame Unternehmung, die wir noch nie miteinander gemacht haben.

(Nehmen Sie sich ein paar Minuten Zeit! Machen Sie sich gemeinsam Gedanken darüber und entscheiden Sie sich für etwas!)

07. November

Denkimpuls: Gleichberechtigung ist ein wichtiger Grundpfeiler in glücklichen Beziehungen. Wenn wir uns beide gegenseitig als gleichberechtigt und gleichwertig anerkennen, haben wir eine solide Grundlage, auf der wir fair, respektvoll, wertschätzend und harmonisch miteinander umgehen können.

Gleichberechtigt zu sein bedeutet, die Stärken und Schwächen des einen haben die gleiche Berechtigung auf Berücksichtigung und Anerkennung wie die Stärken und Schwächen des anderen. Auch wenn diese manchmal völlig unterschiedlich sein können. Es gibt dann einfach keine Grundlage, auf der einer den anderen für seine Stärken oder Schwächen kritisieren kann. Jeder ist gleichermaßen dazu berechtigt, der Mensch zu sein, der er ist.

(Lassen Sie diesen Denkimpuls einfach auf sich wirken!)

08. November

Denkimpuls: Verständnis ist eines der wichtigsten, sich wechselseitig bedingenden, menschlichen Bedürfnisse. Für eine glückliche Beziehung stellt es einen wichtigen Basisbaustein dar! Jeder Mensch wünscht sich, als der Mensch, der er ist, verstanden zu werden. Auch wenn wir nicht verstanden werden, wünschen wir uns trotzdem Verständnis. Auch wenn wir jemanden nicht verstehen, können wir trotzdem versuchen, Verständnis zu haben. Schließlich ist es doch verständlich, dass man den anderen nicht immer verstehen kann. „Ich verstehe dich zwar gerade nicht, aber ich verstehe, dass es für dich gerade so ist! Und das ist doch auch eine Form von Verständnis!"

Bringen wir zu wenig Verständnis für unseren Partner auf, wird er sich mit der Zeit immer weniger gesehen und geliebt fühlen. Verbundenheit, Zweisamkeit, Harmonie und Liebe können darunter nur leiden!

(Lassen Sie diesen Denkimpuls einfach auf sich wirken!)

09. November

Übung zur Beziehungspflege: Für die Stabilisierung einer Beziehung ist es sehr heilsam, wenn sich beide Beteiligten immer wieder fragen, ob sie in ihrer Beziehung genügend Bereitschaft besitzen und Interesse aufbringen, um das gemeinsame WIR bzw. das gemeinsame WIR-Gefühl zu entwickeln und zu pflegen.

Woran erkennen wir selbst, ob es zwischen uns ein intaktes WIR gibt? Woran erkennen andere, ob zwischen uns beiden ein WIR-Gefühl existiert? Wie können wir unser gemeinsames WIR intensivieren bzw. weiterhin pflegen?

(Nehmen Sie sich ein wenig Zeit, machen Sie sich Gedanken zu diesen Fragen und sammeln Sie gemeinsam Ideen dazu!)

10. November

Übung zur Beziehungspflege: Was gefällt mir an dir? Was liebe ich an dir? Das kann etwas ganz Alltägliches oder einfach nur Menschliches sein, wie etwa „Mir gefällt an dir, dass du so schöne Augen hast!" „Mir gefällt an dir, dass du so ein herzlicher Mensch bist!" „Ich liebe die Art, wie du läufst, lachst, mit anderen Menschen umgehst!" etc.

Es kann grundsätzlich alles benannt werden, was der Wahrheit entspricht! Es geht nicht um die Aufzählung möglichst vieler Aspekte, die Sie aneinander mögen oder lieben. Nennen Sie nur eine einzige Sache. Es muss auch nicht wie aus der Pistole geschossen aus Ihnen herausplatzen.

(Nehmen Sie sich für diese Übung kurz Zeit! Wenn Sie möchten, können Sie diese auch zu einem regelmäßigen Ritual werden lassen. Machen Sie die Übung dann beispielsweise 1 x täglich oder 1 x wöchentlich immer zur gleichen Zeit oder in welchem Rhythmus Sie es möchten!)

11. November

Übung zur Beziehungspflege: Entwickeln Sie heute einmal selbst eine Übung zur Beziehungspflege. Fällt Ihnen etwas ein, was Ihnen für die Intensivierung, Aktivierung oder Entwicklung Ihrer gemeinsamen Beziehung sinnvoll erscheint?

(Verbringen Sie einfach ein paar Minuten zusammen, um sich darüber Gedanken zu machen! Vielleicht finden oder kreieren Sie eine gute Idee!? Wenn nicht, haben Sie dennoch ein bisschen Zeit gemeinsam über etwas nachgedacht. Allein das verbindet und fördert bereits das Gefühl von Zweisamkeit!)

12. November

Übung zur Beziehungspflege: Was können wir heute Gutes für unsere Zweisamkeit tun: Es kann etwas ganz Kleines sein, wie z.b.: wir nehmen uns heute einfach nur ein wenig Zeit, um zu überlegen, was wir am kommenden Wochenende unternehmen könnten!? Dann sitzen wir noch ein paar Minuten zusammen und genießen schon mal die Vorfreude. Oder wir haben heute etwas mehr Zeit und wir verbringen den ganzen Nachmittag zusammen auf der Couch und schauen Filme oder was uns ansonsten einfällt und auf was wir beide uns einigen können.

(Nehmen Sie sich ein paar Minuten Zeit! Machen Sie sich gemeinsam Gedanken! Treffen Sie eine Entscheidung!)

13. November

Denkimpuls: Grundlegend für eine glückliche Beziehung ist eine einander wertschätzende Kommunikation! Wer wertschätzend kommuniziert, beachtet Folgendes: Alle Signale, alle Informationen, die das menschliche Gehirn empfängt, werden zuerst gefühlsmäßig und erst danach (wenn überhaupt) intellektuell verarbeitet.

Gefühle kommen schneller im Bewusstsein an, als Gedanken. Unangenehme Gefühle veranlassen uns häufig dazu, das Denken zu überspringen und aus den negativen Gefühlen einfach gedankenlos ein negatives Urteil abzuleiten. So fällen wir häufig negative Urteile über unseren Partner, nicht weil wir uns dieses durch reifliches Überlegen gebildet haben, sondern weil es unseren negativen Gefühlen entspringt. Würden wir stattdessen nachdenken, gelangten wir vermutlich häufig zu der Erkenntnis, dass der Partner nicht auf diese Welt gekommen ist, um unsere Erwartungen zu erfüllen, sondern wir diese selbst verantworten müssen!

(Lassen Sie diesen Denkimpuls einfach auf sich wirken!)

14. November

Übung zur Beziehungspflege: Wie möchten wir dieses Jahr Weihnachten verbringen? Wer oder was ist uns wichtig, dabei zu berücksichtigen? Wer oder was würde unserer Beziehung gut tun?

Für eine glückliche Beziehung ist es heilsam, wenn man besondere Gelegenheiten dafür nutzt, um mit dem Partner, der Familie oder gemeinsamen Freunden zusammen zu sein! Solche Begebenheiten können zu wahren Schätzen der Beziehung werden, die einander verbinden und an die man sich noch nach Jahren gerne erinnert!

(Nehmen Sie sich ein wenig Zeit und besprechen Sie sich miteinander! Wenn Sie sich gerade noch nicht festlegen können oder möchten, vereinbaren Sie schon jetzt, wann Sie sich diesbezüglich noch einmal austauschen wollen!)

15. November

Denkimpuls: Wenn man seinen Partner nicht versteht, man beispielsweise zu ihm sagt: „ich verstehe dich nicht" oder „ich habe kein Verständnis dafür, dass du so und so denkst, fühlst oder handelst", dann gibt man damit im Grunde zu, dass man nichts von seinem Partner versteht, bzw. dass man keine Ahnung von ihm hat. Wer von etwas oder jemand nichts versteht oder keine Ahnung von etwas oder jemand hat, kann sich logischerweise auch kein Urteil erlauben. Trotzdem urteilen Menschen häufig negativ über jemanden, den sie nicht verstehen bzw. von dem sie keine Ahnung haben. Dies zu tun beruht auf einem Mangel an sozialer Kompetenz in Form von zu wenig Sinn für Wertschätzung, Gleichberechtigung, Respekt, Toleranz, Empathie und Selbstkritik.

(Lassen Sie diesen Denkimpuls einfach auf sich wirken!)

16. November

Denkimpuls: Wir alle sehen und bewerten die Dinge und die Welt durch eine eigene Wahrnehmungsbrille. Wenn uns das nicht bewusst ist, können wir leicht zu der Überzeugung kommen, so wie wir es sehen, sei es am besten, richtigsten, gerechtesten, ehrenwertesten etc. Dass es in Wahrheit nur unsere eigene subjektive Sicht ist, die wir aufgrund unserer natürlichen und erlernten Bedürfnisse und Lernerfahrungen im Laufe der Jahre entwickelt haben (genau wie jeder andere auch), ist uns in solchen Momenten häufig nicht bewusst. Der Partner fühlt sich dann neben uns unverstanden, ungesehen, ungeliebt, verkannt und geringeschätzt.

(Lassen Sie diesen Denkimpuls einfach auf sich wirken!)

17. November

Denkimpuls: Grundlegend für unser gemeinsames Glück ist, dass wir uns gegenseitig mit genügend Interesse und Aufmerksamkeit begegnen. Uns ist klar, dass jeder vom anderen Interesse und Aufmerksamkeit geschenkt bekommen möchte. Jeder von uns beiden will, dass der jeweils andere sich für ihn interessiert. Jedem von uns ist klar, dass man sich ungeliebt und unwichtig fühlt, wenn man vom Partner keine Aufmerksamkeit und kein Interesse geschenkt bekommt.

Ist uns das beiden wirklich klar? Ist es uns beiden wichtig, dem jeweils anderen das Gefühl zu geben, dass wir ihn als den Menschen interessant und spannend finden, der er ist? Oder sind wir stattdessen bemüht, dem anderen das Gefühl zu vermitteln, so wie er ist, sei er nicht interessant und er müsse sich ändern, damit wir ihm unsere Aufmerksamkeit schenken?

(Lassen Sie diesen Denkimpuls einfach auf sich wirken!)

18. November

Denkimpuls: Wenn wir unterschiedlicher Meinung sind, ist das ganz natürlich, denn alle Menschen denken, fühlen und handeln unterschiedlich. Unterschiede sind von Natur aus kein Problem. Erst wenn wir diese nicht mehr gegenseitig respektieren, haben wir ein Problem. Das Problem ist also nicht einfach da, sondern wir selbst lassen es – aus Mangel an Respekt, Empathie, Verständnis, Gleichberechtigung, Kompromissbereitschaft etc. – entstehen.

(Lassen Sie diesen Denkimpuls einfach auf sich wirken!)

19. November

Übung zur Beziehungspflege: Die Adventszeit ist eine ganz besondere Zeit. Viele Menschen stimmen sich schon einmal langsam auf Weihnachten ein und besinnen sich dabei auf die wesentlichen Dinge im Leben. Wesentlich für jeden von uns ist das Bedürfnis nach Bindung bzw. Kontakt und Verbindung zu anderen. In der Adventszeit haben wir daher fast alle das Bedürfnis nach Gesellschaft und Nähe.

Mit wem möchten wir uns gerne in der Adventszeit einmal treffen? Wer ist uns so wichtig, dass wir ihn beispielsweise zu uns zu einem Adventskaffee oder Abendessen einladen möchten? Wer würde sich darüber ganz besonders freuen?

(Nehmen Sie sich ein wenig Zeit und besprechen Sie sich miteinander! Wenn Sie sich gerade noch nicht festlegen können oder möchten, vereinbaren Sie schon jetzt, wann Sie sich diesbezüglich noch einmal austauschen wollen!)

20. November

Übung zur Beziehungspflege: Welchen gemeinsamen Schatz möchten wir heute unserer Beziehungs-Schatzkiste hinzufügen? (Siehe „Die Beziehungs-Schatzkiste" Seite 22)

21. November

Denkimpuls: Wir wissen, zwischen uns darf kein Mangel an Wertschätzung, Respekt und Empathie entstehen, weil wir unserer Liebe damit die Grundlage entziehen würden.

(Lassen Sie diesen Denkimpuls einfach auf sich wirken!)

22. November

Denkimpuls: Wie leicht oder schwer fällt es Ihnen, Ihren Partner als den Menschen zu akzeptieren, der er ist? Wissen Sie, dass jeder Mensch sich danach sehnt, neben seinem Partner der Mensch sein zu dürfen, der er ist? Es gibt nichts Erfüllenderes in einer Beziehung, als dass einen der Partner so wertschätzt und anerkennt, wie man ist. Genauso gibt es nichts Schlimmeres, als dass man vom Partner kritisiert, geringgeschätzt und zur Veränderung gedrängt wird!

(Lassen Sie diesen Denkimpuls einfach auf sich wirken!)

23. November

Denkimpuls: Sich nach einem Streit wieder zu vertragen, sobald man auseinander geht (z.B. zu Bett, zur Arbeit, oder sonst wohin), wirkt sich positiv auf jede Beziehung aus!

(Lassen Sie diesen Denkimpuls einfach auf sich wirken!)

24. November

Denkimpuls: Wir können Geringschätzungen nicht dadurch entgegenwirken, indem wir vom anderen fordern, dass er unsere Erwartungen erfüllt, sondern viel mehr dadurch, dass wir aufhören, ihn mit unseren Erwartungen zu überfordern!

(Lassen Sie diesen Denkimpuls einfach auf sich wirken!)

25. November

Übung zur Beziehungspflege: Was möchten wir dieses Jahr an Silvester machen!? Woran hätten wir beide Freude? Was würde unserer Beziehung gut tun?

Der Jahreswechsel ist ein besonderer Zeitpunkt. Für viele ist dieser Tag geradezu magisch. Für eine glückliche Beziehung ist es heilsam, wenn man solche Gelegenheiten dafür nutzt, um mit dem Partner, der Familie oder guten Freunden zusammen zu sein! Solche Begebenheiten können zu wahren Schätzen der Beziehung werden, die einander verbinden und an die man sich noch nach Jahren gerne erinnert!

(Nehmen Sie sich ein wenig Zeit und besprechen Sie sich miteinander! Wenn Sie sich gerade noch nicht festlegen können oder möchten, vereinbaren Sie schon jetzt, wann Sie sich diesbezüglich noch einmal austauschen wollen!)

26. November

Übung zur Beziehungspflege: Was können wir heute Schönes / Verbindendes / Bereicherndes / Liebevolles miteinander unternehmen?

Je nachdem wie viel Zeit wir heute haben, können wir etwas ganz Kleines unternehmen, wie etwa am Abend vor dem Zu-Bett-Gehen erst noch einmal zehn Minuten kuscheln, am Mittag in Ruhe einen Kaffee zusammen trinken, oder etwas Größeres, wie z.B. am Abend ins Kino gehen oder sich mit Freunden treffen!

(Selbst wenn Sie heute nur drei Minuten Zeit für eine Gemeinsamkeit finden sollten, fällt Ihnen sicher etwas ein!)

27. November

Denkimpuls: Vieles, was wir über die Liebe lernen, erfahren wir aus Hollywood-Filmen, Love-Songs, Liebesromanen etc. Wenn wir mit diesen zum Teil sehr naiven Vorstellungen und den daraus resultierenden Erwartungen in eine Beziehung gehen, werden wir unseren Partner vermutlich mit unseren Erwartungen maßlos überfrachten. Niemand kann solchen Ansprüchen gerecht werden. Das Gefühl, doch noch nicht der oder dem Richtigen begegnet zu sein, wird dann nicht lange auf sich warten lassen. Ob aus einer naiven Verliebtheit eine erwachsene Liebesbeziehung wird, hängt davon ab, welche realistische Vorstellung man von einer Beziehung hat und in welchem Maße man in der Lage ist, dem Partner respektvoll, gleichberechtigt, empathisch und zugewandt zu begegnen!

Lassen Sie diesen Denkimpuls einfach auf sich wirken!)

28. November

Übung zur Beziehungspflege: Das alte Jahr neigt sich bald dem Ende zu! Das neue Jahr ist nicht mehr weit entfernt. Ein guter Zeitpunkt, um Altes, Belastendes hinter uns zu lassen sowie Neues und Bereicherndes zu uns einzuladen. Was möchten wir jetzt gerne loslassen, vergessen, abhaken, abschließen etc. Und was möchten wir nächstes Jahr gerne in unser Leben neu einladen und integrieren? Was möchten wir angehen, probieren, erreichen, verändern etc.?

(Nehmen Sie sich etwas Zeit und überlegen Sie, was Sie diesbezüglich tun möchten. Was möchten Sie beide als Paar hinter sich lassen und für sich gemeinsam Neues planen? Was jeder Einzelne von Ihnen beiden für sich selbst? Notieren Sie Ihre Gedanken und Ziele auf einem Blatt Papier und lassen Sie sich etwas einfallen, wie Sie diese nicht wieder aus den Augen verlieren!)

156

29. November

Denkimpuls: Wenn wir mit unserem Denken, Fühlen oder Handeln unseren Partner verletzen, tun wir das nicht, weil wir ihn verletzen wollen. Aufgrund unserer Individualität und unserer Unterschiedlichkeit können wir nicht immer alles genauso sehen, denken, fühlen und tun, wie der jeweils andere es sich wünscht.

(Lassen Sie diesen Denkimpuls einfach auf sich wirken!)

30. November

Monatsrückblick: Haben wir diesen Monat jeden Tag konsequent unseren Paarkalender zur Hand genommen oder zumindest versäumte Tage nachgearbeitet? Haben sich die Denkimpulse und Übungen in irgendeiner Form auf mein/dein/unser Denken, Fühlen und Handeln ausgewirkt? Welche Erkenntnisse haben wir gewonnen? Hat sich die Qualität unserer Beziehung in irgendeiner Form verändert?

(Nehmen Sie sich ein wenig Zeit und sprechen Sie gemeinsam darüber!)

Dezember

01. Dezember

Denkimpuls: Jeder, der sich einem anderen mitteilt, denkt sich etwas dabei. Er möchte gehört und auch verstanden werden! Bei wertschätzender Kommunikation hört deshalb der eine dem anderen aufmerksam zu! Er interessiert sich für das Gesagte! Er versucht zu verstehen, wie und um was genau es geht! Was braucht der Redende jetzt gerade? Was ist sein Bedürfnis? Das Gesagte wird wertgeschätzt und nicht bewerten bzw. verurteilt!

(Lassen Sie diesen Denkimpuls einfach auf sich wirken!)

02. Dezember

Denkimpuls: Ein Paar besteht aus zwei unterschiedlichen Menschen mit jeweils verschiedenen Bedürfnissen, Zielen, Interessen, Stärken und Schwächen. Keiner von beiden kann etwas dafür, wer er ist; wie er tickt; was ihn interessiert, bewegt, begeistert oder nicht. Wenn wir uns unsere Unterschiede gegenseitig vorwerfen, ist das ein Beweis dafür, dass wir uns nicht mit genügend Respekt, Anerkennung, Wertschätzung, Empathie und Fairness begegnen!

(Lassen Sie diesen Denkimpuls einfach auf sich wirken!)

03. Dezember

Übung zur Beziehungspflege: Was können wir heute Gutes für unsere Zweisamkeit tun: Es kann etwas ganz Kleines sein, wie beispielsweise, dass wir uns ein wenig Zeit nehmen, um zusammen zu überlegen, was wir uns am Abend Leckeres zu Essen kochen möchten. Oder wir haben heute etwas mehr Zeit und wir verbringen den ganzen Nachmittag zusammen im Schwimmbad oder was auch immer uns dazu einfällt und auf was wir beide uns einigen können.

(Nehmen Sie sich ein paar Minuten Zeit! Machen Sie sich gemeinsam Gedanken! Treffen Sie eine Entscheidung!)

04. Dezember

Denkimpuls: Für Harmonie, Zweisamkeit und Liebe in einer Beziehung ist es sehr heilsam, wenn sich beide Beteiligten immer wieder fragen, ob sie ihrem Partner mit genügend Wertschätzung, Anerkennung und Empathie begegnen!

(Lassen Sie diesen Denkimpuls einfach auf sich wirken!)

158

05. Dezember

Denkimpuls: Die Advents- und Weihnachtszeit lädt zur Besinnlichkeit ein. Gönnen Sie sich wenigstens hier und da ein bisschen Ruhe! Setzen Sie sich heute und in den nächsten Tagen einfach mal mit Ihrem Partner gemütlich zusammen und genießen Sie dabei beispielsweise ein wenig Weihnachtsgebäck!

(Lassen Sie diesen Denkimpuls einfach auf sich wirken!)

06. Dezember

Übung zur Beziehungspflege: Rituale, die in einer Beziehung fest integriert sind, können das Gefühl von Vertrautheit, Nähe, Verbundenheit und Anerkennung sehr positiv beeinflussen! Ein besonders wirksames Ritual ist ein Dankbarkeitsritual. Das kann z.B. wie folgt aussehen: Beide Partner sagen sich 1 x täglich oder in einem Turnus ihrer Wahl, wofür sie dem jeweils anderen dankbar sind! Nicht jedem fällt es leicht, so etwas auszusprechen. Manchem fällt es leichter, etwas aufzuschreiben! Das könnte dann wie folgt aussehen: Jeder steckt dem Partner im vereinbarten Turnus einen Zettel zu, auf dem steht, wofür man ihm dankbar ist!

(Überlegen Sie beide: Möchten Sie dieses Ritual fest in Ihre Beziehung integrieren oder es nur heute durchführen?)

07. Dezember

Denkimpuls: Ich weiß, dass du dich nicht geliebt fühlen kannst, wenn ich versuche, dich dazu zu bringen, dich so zu verhalten bzw. zu verändern, wie ich dich gerne hätte!

(Lassen Sie diesen Denkimpuls einfach auf sich wirken!)

08. Dezember

Übung zur Beziehungspflege: Welchen gemeinsamen Schatz möchten wir heute unserer Beziehungs-Schatzkiste hinzufügen?

(Siehe „Die Beziehungs-Schatzkiste" Seite 22)

09. Dezember

Denkimpuls: In einem guten, respektvollen, zugewandten, liebevollen Tonfall miteinander zu sprechen, wirkt sich in jedem Fall positiv auf jede Beziehung aus!

(Lassen Sie diesen Denkimpuls einfach auf sich wirken!)

10. Dezember

Zufriedenheitsbarometer: Auf einer Zahlenskala von 1 bis 10 (1 = gar nicht zufrieden, 10 = sehr zufrieden), wie zufrieden sind wir aktuell miteinander? Wie zufrieden bin ich? Wie zufrieden bist du? Sind wir restlos zufrieden oder gibt es etwas, womit sich unsere Zufriedenheit steigern lässt? Wenn ja, was wollen wir diesbezüglich tun?

(Nehmen Sie sich ein wenig Zeit und sprechen Sie gemeinsam darüber!)

11. Dezember

Denkimpuls: Geliebt kann man sich nur dann fühlen, wenn man das Gefühl hat, vom anderen wertgeschätzt, anerkannt, geachtet, respektiert und akzeptiert zu werden. Und zwar so, wie man ist!

(Lassen Sie diesen Denkimpuls einfach auf sich wirken!)

12. Dezember

Denkimpuls: Zwei Menschen sind immer graduell unterschiedlich und daher ist es nicht möglich, dass beide immer einer Meinung sind. Wir haben von Natur aus und aufgrund unserer Lernerfahrungen eine jeweils eigene Brille, durch die wir alles individuell wahrnehmen und bewerten. Wenn wir uns mit dem Partner wegen unserer Unterschiede respektlos streiten, beweisen wir damit, dass wir ihn nicht als gleichberechtigt respektieren, anerkennen und wertschätzen. Das wirkt sich nachteilig auf unsere Beziehung aus.

(Lassen Sie diesen Denkimpuls einfach auch sich wirken!)

13. Dezember

Denkimpuls: Liebe ist der wichtigste Grundpfeiler in glücklichen Beziehungen. Dazu ein paar Gedanken eines glücklichen Paares:

„Wir beide wünschen uns, dass unsere Beziehung von Liebe getragen wird. Jemanden zu lieben bedeutet für uns, an dessen Wohlergehen und Glück interessiert zu sein. Das, was der andere zum Glücklichsein braucht, gönnen wir ihm. Uns ist bewusst, dass man Liebe nicht erzwingen kann und dass wir sie pflegen müssen, um sie dauerhaft zu stärken und zu erhalten."

„Unsere Liebe zu pflegen bedeutet für uns beide, dafür zu sorgen, dass wir respektvoll und unterstützend miteinander umgehen. Wir beide stärken unsere Liebe, wenn wir uns gegenseitig schätzen, achten, uns für einander interessieren und uns das Gefühl geben, als der Mensch gesehen und anerkannt zu werden, der wir sind. Wir stärken unsere Liebe auch dadurch, dass wir uns unsere Fehler vergeben und viele schöne oder interessante Dinge miteinander (und bei Bedarf auch alleine) tun bzw. unternehmen!"

(Lassen Sie diesen Denkimpuls einfach auf sich wirken!)

14. Dezember

Denkimpuls: Wahres Vertrauen in einer Beziehung kann nur dort gedeihen, wo zwei Menschen darauf vertrauen dürfen, über alles offen und ehrlich sprechen zu können. Ganz egal, welche Fehler man vielleicht auch mal macht. Sich einmal an eine Abmachung oder gar ein Versprechen nicht halten zu können, ist zwar schade, aber menschlich. Im Falle eines Falles dann darüber nicht respektvoll mit dem Partner reden zu können, kann fatale Folgen für die Beziehung haben.

(Lassen Sie diesen Denkimpuls einfach auf sich wirken!)

15. Dezember

Denkimpuls: Zwei Menschen sind immer in irgendeiner Form unterschiedlich. Sie können unterschiedliche Bedürfnisse, Interessen, etc. haben. Die Bedürfnisse, Interessen etc. des einen sind nicht besser, wichtiger, wahrer als jene des anderen. Unterschiedlich zu sein, ist ganz natürlich. Würde man das anders sehen, wäre das ein Zeichen dafür, dass man den Partner nicht als gleichberechtigt respektiert, wertschätzt und anerkennt. Der Unterschied zwischen zwei Menschen kann klein, mittel, groß oder sehr groß sein. Man kann jedoch nicht benennen, wer an dem Unterschied schuld ist. Der eine ist an dem Unterschied genauso viel oder wenig beteiligt, wie der andere!

(Lassen Sie diesen Denkimpuls einfach auf sich wirken!)

16. Dezember

Denkimpuls: Schon ein paar Worte der Anerkennung und kleinste Gesten der Zuneigung wirken wahre Wunder in jeder Partnerschaft!

(Lassen Sie diesen Denkimpuls einfach auf sich wirken!)

17. Dezember

Denkimpuls: Wertschätzung und Anerkennung sind wichtige, sich wechselseitig bedingende menschliche Grundbedürfnisse. Für eine glückliche Beziehung stellen sie wichtige Basisbausteine dar! Wertschätzen und anerkennen sich zwei Menschen – im Großen und Ganzen gegenseitig nicht so, wie sie sind – können Zweisamkeit, Harmonie und Liebe mit der Zeit nur darunter leiden!

(Lassen Sie diesen Denkimpuls einfach auf sich wirken!)

18. Dezember

Denkimpuls: Wer bei Meinungsverschiedenheiten zum Partner sagen kann: „du siehst das so, ich sehe das so, okay, wir müssen nicht deswegen streiten; jeder darf es so sehen, wie es seiner Wahrnehmung nach ist!", kommuniziert respektvoll und wertschätzend. Auf eine Beziehung wirkt sich das sehr positiv und friedenstiftend aus!

(Lassen Sie diesen Denkimpuls einfach auf sich wirken!)

19. Dezember

Übung zur Beziehungspflege: Was ist das Verrückteste, das ich mit dir zusammen erlebt habe?

Was ist das Verrückteste, das du mit mir zusammen erlebt hast?

(Verbringen Sie ein wenig Zeit zusammen und teilen Sie einander Ihre Gedanken dazu mit!)

20. Dezember

Empfehlung: Wenn Sie möchten, schlagen Sie einfach irgendeine Seite im Buch auf, deuten Sie mit einem Finger bei geschlossenen Augen auf eine Textstelle und bestimmen Sie so, welche Übung für Sie heute dran ist! Oder falls Sie wenig Zeit haben, lassen Sie es heute einfach sein und stimmen Sie sich schon mal ein bisschen auf Weihnachten ein. Vielleicht können Sie auch nur am Abend gemütlich ein Gläschen Wein zusammen trinken und sich dabei ein wenig unterhalten!?

21. Dezember

Empfehlung: Wenn Sie möchten, schlagen Sie einfach irgendeine Seite im Buch auf, deuten Sie mit einem Finger bei geschlossenen Augen auf eine Textstelle und bestimmen Sie so, welche Übung für Sie heute dran ist! Oder falls Sie wenig Zeit haben, lassen Sie es heute einfach sein und stimmen Sie sich schon mal ein bisschen auf Weihnachten ein. Vielleicht können Sie auch nur ein wenig gemütlich zusammen sitzen, etwas trinken und sich unterhalten!?

22. Dezember

Empfehlung: Falls es Ihnen die Zeit erlaubt, stimmen Sie sich jetzt einfach schon einmal auf die bevorstehenden Festtage ein. Die gemeinsame Paararbeit können Sie dann schon in wenigen Tagen wieder aufnehmen und fortführen.

23. Dezember

Empfehlung: Stimmen Sie sich jetzt einfach schon einmal auf die bevorstehenden Festtage ein – falls Ihnen das im Weihnachtsstress möglich sein sollte :-) Die gemeinsame Paararbeit können Sie dann schon in wenigen Tagen wieder aufnehmen und fortführen.

24. Dezember

Heilig Abend: Verbringen Sie eine möglichst schöne und vor allem frohe, besinnliche und friedvolle Weihnachtszeit!

25. Dezember

Erster Weihnachtsfeiertag: Haben Sie eine möglichst schöne, frohe, besinnliche und friedvolle Weihnachtszeit!

26. Dezember

Zweiter Weihnachtsfeiertag: Haben Sie eine möglichst schöne, frohe, besinnliche und friedvolle Weihnachtszeit!

27. Dezember

Empfehlung: Wenn Sie möchten, schlagen Sie einfach irgendeine Seite im Buch auf, deuten Sie bei geschlossenen Augen mit einem Finger auf eine Textstelle und bestimmen Sie so, welche Übung für Sie heute dran ist!

Oder falls Sie sich erst einmal noch von den Feiertagen erholen müssen, lassen Sie es heute einfach sein und stimmen Sie sich bereits ein bisschen auf den bevorstehenden Jahreswechsel ein!

28. Dezember

Empfehlung: Der Jahreswechsel rückt näher. Lassen Sie nach Möglichkeit einfach das alte Jahr langsam ausklingen.

Freuen Sie sich auf das neue Jahr und auf die gemeinsame Zeit, die Sie – wenn Sie das möchten – bewusst und gezielt gemeinsam ausgestalten können!

29. Dezember

Empfehlung: Der Jahreswechsel rückt weiterhin immer näher. Verabschieden Sie sich von altem Ärger und gehen Sie optimistisch auf das neue Jahr zu! Freuen Sie sich auf die Entwicklungen, die Sie im neuen Jahr – wenn Sie das möchten – bewusst und gezielt herbeiführen können!

30. Dezember

Monatsrückblick: Haben wir diesen Monat jeden Tag konsequent unseren Paarkalender zur Hand genommen oder zumindest versäumte Tage nachgearbeitet? Haben sich die Denkimpulse und Übungen in irgendeiner Form auf mein/dein/unser Denken, Fühlen und Handeln ausgewirkt? Welche Erkenntnisse haben wir gewonnen? Hat sich die Qualität unserer Beziehung in irgendeiner Form verändert? Mit welchem Gefühl gehen wir beide als Paar in das kommende Jahr? Was wünschen wir uns für uns?

(Nehmen Sie sich ein wenig Zeit und sprechen Sie gemeinsam darüber!)

31. Dezember

Silvester: Ganz egal, was Sie sich für diesen besonderen Tag ausgesucht haben, wie, wo und mit wem Sie ihn feiern oder auch nicht feiern werden, haben Sie einfach eine schöne Zeit und sorgen Sie dafür, dass Sie gut im neuen Jahr ankommen!

Alles Liebe und Gute für das neue Jahr wünscht Ihnen an dieser Stelle von Herzen

Ihr Ralf Hillmann

Unser Paar-Projekt
Selbsthilfekurs für Paare in Beziehungskrisen.
Ralf Hillmann / Seiten: 256 / ISBN: 978-3751934077
- überall im Handel -

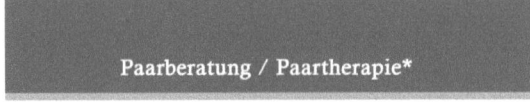

Paarberatung / Paartherapie*

Unser Paar-Projekt

Selbsthilfe-Kurs
für Paare in Beziehungskrisen

Mit mehr Interesse, Verständnis
und Wertschätzung füreinander
zu neuem Paarglück

Ralf Hillmann

Diese Schritt-für-Schritt-Anleitung vermittelt Ihnen und Ihrer Partnerin / Ihrem Partner, wie es Ihnen gelingt, Ihre Beziehungsprobleme zu bestimmen, deren Ursachen zu erforschen und Lösungen zu finden, um schließlich von Woche zu Woche zufriedener zusammenleben zu können. Es ist die Einführung in Ihr ganz persönliches Paar-Projekt, mit dem Sie lernen, mehr Bewusstsein für sich selbst, den anderen und das gemeinsame WIR zu entwickeln. In allen Beziehungen gibt es im Laufe der Zeit Veränderungen. Darum ist die Bereitschaft zu stetiger Weiterentwicklung unerlässlich für die Erhaltung gemeinsamen Glücks.

168

Mein Name ist Ralf Hillmann, 1965 wurde ich in Kassel geboren. Heute lebe und arbeite ich als Autor und Psychologischer Berater in Rödermark bei Frankfurt am Main. Mit meiner Arbeit als Coach unterstütze ich seit 2013 Paare und Einzelpersonen in Lebenskrisen beim Entwickeln von Lösungen. Dabei geht es immer auch um die Aktivierung von Kompetenzen, Ressourcen und  die Erforschung neuer Perspektiven. Ich begleite Ratsuchende mit professioneller psychologischer Interventionsmethodik dabei, Probleme und Krisen zu bewältigen; kognitive und emotionale Überforderungen (Verwirrungen, Verzerrungen und Dissonanzen) zu analysieren; Gedanken und Gefühle zu sortieren; neue Denk- und Handlungsspielräume zu erobern; nach vorne zu blicken; Ziele zu benennen und Lösungswege zu finden, die ganz speziell zu ihrem individuellen Persönlichkeitspotenzial passen.

Neben meiner Spezialisierung im Bereich Paarberatung können die Themenfelder meiner Beratungsarbeit z.B. auch folgende sein: Krisen in zwischenmenschlichen Beziehungen wie Probleme mit Familie, Freundschaft, Partnerschaft, Nachbarschaft etc.; Lebensabschnittskrisen wie Probleme mit dem Alter oder sonstige Krisen im Privatleben wie Probleme rund um das Thema Liebe; Probleme mit Einsamkeit, Alleinsein, Unausgefülltsein und Sehnsucht; Probleme rund um Selbstwert und Selbstbewusstsein; Krisen in der Sexualität wie Probleme mit der sexuellen Identität, mit Vorlieben und Neigungen; Probleme rund um Sinn, Sinnfindung, Suche nach Veränderung, Zielen, Visionen etc.

Meine Qualifikation: Staatlich geprüfte und zugelassene Ausbildung zum Psychologischen Berater und Personal Coach; permanente Weiterqualifizierung; langjährige Berufserfahrung.

Seit Anfang 2020 stehe ich meinen Klienten auch online per Video-Sprechstunde zur Verfügung.

Es grüßt Sie herzlichst – Ihr Ralf Hillmann

Rödermark, im Oktober 2020

Literaturverzeichnis:

Ulrich Beer. Achtung Eifersucht.
Wilhelm Heyne Verlag GmbH & Co. KG, München 1987

Holly Michelle Eckert. Der Schuld entwachsen.
Junfermannche Verlagsbuchhandlung, Paderborn 2011

Josef Kirschner. Die Kunst, ohne Überfluss glücklich zu leben.
Droemer Knaur Verlag Schoeller &Co., Locarno 1980

Josef Kirschner. So siegt man, ohne zu kämpfen.
Goldmann Verlag, München 1991, 3. Auflage

Martin Koschorke. Wie Sie mit Ihrem Partner glücklich werden, ohne ihn zu ändern. Verlag Herder GmbH, Freiburg im Breisgau 2013

Martin Koschorke. Keine Angst vor Paaren.
J. G. Cotta'sche Buchhandlung (Klett-Cotta), Stuttgart 2016, 3. Auflage

Liv Larsson. Wut, Schuld und Scham.
Junfermannche Verlagsbuchhandlung, Paderborn 2012

Peter Lauster. Die Liebe.
Rowohlt Verlag GmbH, Hamburg 1982

Peter Lauster. Lebenskunst.
Rowohlt Verlag GmbH, Hamburg 1984

Peter Lauster.
Wege zur Gelassenheit. Rowohlt Verlag GmbH, Hamburg 1986

Michael Lukas Moeller. Die Wahrheit beginnt zu zweit.
Rowohlt Taschenbuch Verlag, Hamburg 2019, 38. Auflage

Monika Oboth, Al Weckert. Mediation für Dummies.
Wiley-VCH Verlag GmbH & Co. KGaA; Weinheim 2014, 2. Auflage